GROETEN UIT

REEKS ▲▲ ANTROPOLOGIE ACADEMIE

Deel 1: Jan Jansen (red.), *Sub-Sahara Afrika – Perspectieven en plaatsbepalingen –* isbn 978 90 5260 223 3

Deel 2: Geert Mommersteeg, *In de stad van de marabouts –* isbn 978 90 5260 224 0

Deel 3: Jan Jansen, *De lessen van Namagan Kanté – Zanddivinatie in de Mandé-bergen (Mali-Guinée) –* isbn 978-90-5260-240-0

Deel 4: Lou de Jong, *'We plakken als vliegen, maar steken niet als muggen' – Ontmoetingen tussen côtéman en toeristen in Senegal –* isbn 978-90-5260-241-7

Deel 5: Mario Rutten, *'Leuke vakantie gehad?' Verhalen over antropologisch veldwerk –* isbn 978-90-5260-242-4

Deel 6: José C.M. van Santen (editor), *Development in Place: Perspectives and Challenges –* isbn 978-90-5260-289-9

Deel 7: Yvon van der Pijl, Diederick Raven, Lotje Brouwer & Brenda Carina Oude Breuil (red.), *Antropologische vergezichten: mondialisering, migratie en multiculturaliteit –* isbn 978-90-5260-339-1

Deel 8: Thijl Sunier (red.), *Antropologie in een zee van verhalen –* isbn 978-90-5260-359-9

Deel 9: Marijn Kraak, *Groeten uit de Rimboe? –* isbn 978-90-5260-367-4

GROETEN UIT DE RIMBOE?

Een onderzoek
naar de realitysoaps
Groeten uit de Rimboe
en *Groeten Terug*

Marijn Kraak

aksant

Amsterdam

2010

COLOFON

De reeks ANTROPOLOGIE ACADEMIE wordt uitgegeven in samenwerking met de
Antropologen Beroepsvereniging (ABv) – www.antropologen.nl

ISSN: 1872-5716
ISBN: 978-90-5260-367-4
NUR: 761
Eerste druk

Omslagontwerp en vormgeving tekst: Vocking in Vorm, Nieuwegein

Uitgeverij Aksant, postbus 2169, 1000 CD Amsterdam, www.aksant.nl

Voor Carla Eveline

Inhoud

Woord van dank   ix

DEEL I: DE OVAHIMBA IN BEELD   1

Introductie   1

Koloniale fotografie   3

Ansichtkaarten   9

De Ovahimba áchter de camera   19

DEEL II: GROETEN UIT DE RIMBOE?   29

Inleiding   29

Groeten uit de Rimboe en *Groeten Terug*   35
Culturele tegenstellingen in beeld   36

Oude beelden in een nieuwe jas   46
De verbeelding van de 'primitieve mens'   46
Kaokoland en de Ovahimba door de eeuwen heen:
van Portugese landkaarten tot realitysoap   56
Afbeeldingen van de Ovahimba in Namibië   63

Betrokken partijen en opinies: van Nederland tot Kaokoland   68
Nederland: de programmamakers en het publieke debat.
Uitbuiting of vrije wil?   68
- Op de koffie bij de familie Massing   74
Namibië, Windhoek. De betrokken partijen van *Groeten uit de
Rimboe* en *Groeten Terug*   77
- The Namibian Film Commission (NFC)   77
- The Legal Assistance Centre (LAC)   83

Namibië, Windhoek. De publieke discussie en de vertoning
van *Groeten uit de Rimboe* en *Groeten Terug*   86
- Wie die Wilden: post-koloniaal of theaterspel?   86
- *Groeten uit de Rimboe* en *Groeten Terug*: grensverlegging of
  afbakening?   88
- 'There is no jungle in Namibia.' Mediastudenten over
  Groeten uit de Rimboe en *Groeten Terug*   91
Namibië, Kaokoland. 'Travelling in time': een Himba-tour   93

Groeten van de Ovahimba   98
Veldwerkverslag   98
De deelnemers   99
De Ovahimba over *Groeten uit de Rimboe*   99
De Ovahimba over *Groeten Terug*   107

Groeten uit de Rimboe en *Tribe*. Antropologie?   115

Tot besluit   122

Literatuur   132

Bijlagen   135

To the World, the World we show
We make the World to laugh
And teach each Hemisphere to know
How lives the Other Half.

Lyman H. Howe (1909)
in *Wondrous Difference* (Griffiths 2002: 171)

Woord van dank

Eerst waren er de programma's *Groeten uit de Rimboe* en *Groeten Terug*, toen schreef ik de scriptie en nu is er dit boek. Dit alles was niet mogelijk geweest zonder de mensen die in Namibië bereid waren om hun ervaringen en ideeën met mij te delen. Ik ben hen dan ook zeer dankbaar. Zij hebben het voor mij tot een waardevol, bijzonder en interessant onderzoek gemaakt.

Mijn scriptiebegeleider Mattijs van de Port ben ik veel dank verschuldigd voor zijn enthousiasme en ondersteuning. De vragen die hij poneerde, mondden telkens uit in een nieuw inzicht en een verbreding van mijn denkkader. Bovendien bracht hij mij op het idee om naar een uitgever te stappen, met dit boek als resultaat. Marti Huetink en Rob Wadman van Uitgeverij Aksant waren degenen die dit mogelijk maakten en ik wil hen dan ook bedanken voor hun vertrouwen. Ook wil ik Jan Jansen bedanken voor de precisie waarmee hij de tekst heeft doorgespit en daarbij bruikbare aanvullingen gaf en verfrissende vragen stelde.

Mijn vrienden kunnen ook niet ongenoemd blijven. Laura wil ik bedanken voor haar altijd aanwezige en landsgrenzen-overstijgende steun en voor haar opmerkzaamheid, wat telkens zorgde voor een hernieuwd overzicht en inspiratie. Ook wil ik Anne-Laurien bedanken voor haar fijne vriendschap en ongekende humor. Linda wil ik bedanken voor de vruchtbare brainstormsessies en Marieke, Helen en Chantal voor hun nabijheid en plezier. Tjeerd wil ik bedanken voor zijn luisterend oor en zijn aanstekelijk nuchtere blik.

Ook wil ik mijn ouders en zus bedanken, hoewel het woord 'dank' eigenlijk niet toereikend is voor het onbegrensde vertrouwen dat jullie mij geven. Tot slot wil ik Tate bedanken omdat hij het mogelijk maakte om de voltooide scriptie aan de Ovahimba in Namibië te geven. Met dit bijzondere weerzien was de cirkel rond.

Amsterdam, oktober 2009

Deel I

De Ovahimba in beeld

Introductie

Het thema van dit boek is beeldvorming en voordat ik de tekst van mijn onderzoek presenteer, toon ik eerst verschillende beelden van de Ovahimba. Deze beelden zijn niet bedoeld als registratie, overzicht of illustratie. Ze zijn met opzet niet in de tekst opgenomen, zodat zij voor zichzelf kunnen spreken en als een apart beeldverhaal kunnen worden bekeken. Zo krijgt de lezer een idee over hoe de Ovahimba gedurende de tijd visueel zijn gerepresenteerd en welke thema's daarin naar voren komen.

Het is een door mij samengestelde verzameling van verschillende afbeeldingen van de Ovahimba die er zoal in omloop zijn. De Ovahimba zijn de afgelopen decennia op verschillende manieren veelvuldig in beeld gebracht, zoals in koloniale fotografie en op ansichtkaarten, maar ook in een realitysoap als *Groeten uit de Rimboe*. Al deze beelden reflecteren en creëren een specifiek beeld van de Ovahimba. Doordat een context in de afbeeldingen veelal ontbreekt, zijn de Ovahimba tot 'iconen' van Afrika gemaakt. Nu is het niet de bedoeling om met dit beeldboek impliciet bij te dragen aan deze commodificatie; het is juist bedoeld om een idee te krijgen in een proces van objectificatie.

Allereerst komen koloniale afbeeldingen aan bod, gevolgd door ansichtkaarten die ik in Namibië heb verzameld. SBS 6 heeft helaas geen toestemming gegeven om de door hun gemaakte foto's van *Groeten uit de Rimboe* en *Groeten Terug* in dit boek te publiceren. Ik zal ze om die reden beschrijven.[1] Al deze beelden van de Ovahimba zijn door anderen gemaakt. Om dit perspectief om te draaien, toon ik ook

---

[1] Om toch een idee te krijgen kan de website van SBS 6 worden bezocht waar de deelnemers van de derde serie *Groeten uit de Rimboe* en *Groeten Terug* te zien zijn.

foto's die de Ovahimba tijdens mijn veldwerk zelf hebben gemaakt. Ik geef nu eerst de lezer de mogelijkheid om de verschillende beelden te bekijken.

Koloniale fotografie

Fig. 1. 'Group of Himba men' C.H.L. Hahn (in Hartmann, W., Silvester, J. & Hayes, P. ed. 2001: 168)

Fig. 2. 'Headman or senior men, standing on a ridge, Kaokoland' C.H.L. Hahn (in Hartmann, W., Silvester, J. & Hayes, P. ed. 2001: 164)

3

Fig. 3. 'Himba men' C.H.L. Hahn (in Hartmann, W., Silvester, J. & Hayes, P. ed. 2001: 169)

Fig. 4. 'Himba men and two woman' C.H.L. Hahn (in Hartmann, W., Silvester, J. & Hayes, P. ed. 2001: 169)

4

Fig. 5. 'Himba figures in the mountains of northern Kaokoland' C.H.L. Hahn (in Hartmann, W., Silvester, J. & Hayes, P. ed. 2001: 184-185)

Fig. 6 & 7. 'Capturing cultural types' H. Vedder (in Bollig, M. & Heinemann, H. 2002: 287)

Fig. 8.

Fig. 9.

Fig. 10. 'Himba coiffures' Estermann, C. (in Bollig, M. & Heinemann, H. 2002: 291-292)

Fig. 11. 'Owahimba woman & children, Sesfontein' H. Roth 1951 (in Rizzo, L. 2005: 693)

Fig. 12. 'Owahimba woman' H. Roth 1951 (in Rizzo, L. 2005: 694)

8

Ansichtkaarten

Fig. 13. M. van Aardt, Photographic Enterprises CC Swakopmund, Namibia

Fig. 14.
www.hobermancollection.com

Fig. 15.
www.hobermancollection.com

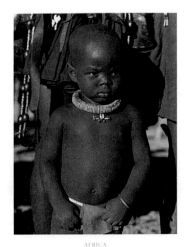

AFRICA
Himba child, Namibia
GERALD HOBERMAN

Fig. 16.
www.hobermancollection.com

Fig. 17. Derichs, THEISS-PHOTO,
Capital Press, Windhoek, Namibia

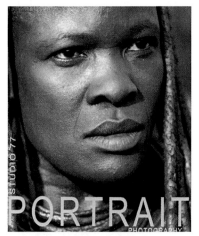

Fig. 18. T. Figueira,
www.tonyfigueira.com

Fig. 19. H. Burger, Johan Steyn PhotoVision, Windhoek, Namibia

Fig. 20. H. Burger, Johan Steyn PhotoVision, Windhoek, Namibia

11

AFRICA
Traditional Himba dress, Namibia
GERALD HOBERMAN

Fig. 21. www.hobermancollection.com

AFRICA
Ovahimba women, Namibia
GERALD HOBERMAN

Fig. 22.
www.hobermancollection.com

Fig. 23. H. Burger, Johan Steyn PhotoVision, Windhoek, Namibia

Fig. 24. H. Burger, Johan Steyn PhotoVision, Windhoek, Namibia

Fig. 25. H. Burger, Johan Steyn PhotoVision, Windhoek, Namibia

Fig. 26. H. Burger, Johan Steyn PhotoVision, Windhoek, Namibia

Fig. 27. H. Burger, Johan Steyn PhotoVision, Windhoek, Namibia

Fig. 28. H. Burger, Johan Steyn PhotoVision, Windhoek, Namibia

Fig. 29. H. Burger, Johan Steyn PhotoVision, Windhoek, Namibia

*Fig. 30. M. Chen,
www.eyende.com*

*Fig. 31. T. Figueira,
www.tonyfigueira.com*

17

Fig. 32. weird@iway.na

De Ovahimba áchter de camera

Foto's gemaakt door Vatiraike Tjirambi

Foto's gemaakt door Kataeko Tjiuma

Foto's gemaakt door Kapirurua Muundjua

De voorgaande beelden kunnen wisselende gevoelens oproepen. Hoewel de interpretatie van beelden een persoonlijke kwestie is en afhankelijk is van een sociale en culturele context, geven de afbeeldingen een indruk van hoe de Ovahimba gedurende de tijd op verschillende manieren in beeld zijn gebracht. Deze beelden vormen een leidraad bij mijn beschouwing. Allengs zal de lezer zijn interpretatie van de beelden wellicht veranderen, zullen de beelden meer 'kleur' krijgen en zal hij zich misschien realiseren hoe wij op een bepaalde manier gewend zijn om naar de 'primitieve Ander' te kijken. In het hoofdstuk *Oude beelden in een nieuwe jas* bespreek ik de beelden in detail.

Deel II

Groeten uit de Rimboe?

Inleiding

Op een willekeurige doordeweekse avond, zappend langs de verschillende televisiezenders, beland ik in een scène die zich afspeelt in Afrika. Ik zie hoe een Nederlandse vrouw een krijtwitte beha probeert te slijten aan een vrouw van de lokale bevolking. Giechelend wordt het object in ontvangst genomen en gadegeslagen, totaal aan de functie ervan voorbijgaand. Om haar betoog wat kracht bij te zetten spreekt de Nederlandse vrouw: 'Zo krijg je nooit meer hangtieten.' De sensatie waarmee deze ontmoeting in beeld wordt gebracht, zorgt ervoor dat ik verontwaardigd verder zap. Dit was mijn eerste kennismaking met de realitysoap *Groeten uit de Rimboe* van productiemaatschappij Eyeworks, waarin onder andere de Haagse familie Massing voor drie weken op bezoek gaat bij de Ovahimba in Namibië.[2] Op deze serie is het vervolg *Groeten Terug* gekomen, waarin de Ovahimba een bezoek brengen aan Nederland. De programma's hebben mij sindsdien niet meer losgelaten en mijn allereerste verontwaardiging maakte plaats voor een steeds groter wordende nieuwsgierigheid.

Groeten uit de Rimboe en *Groeten Terug* zijn niet de enige programma's waarin cultuurverschillen de hoofdrol spelen. Zo is in Nederland bijvoorbeeld ook *Holy Shit* en *Hollandse Krijgers* geproduceerd. Daar-

---

[2] Er wordt in de programma's en door vele andere gesproken over de 'Himba's', zoals te lezen is in de citaten in dit boek. Ik maak zelf echter gebruik van de term 'Ovahimba' aangezien 'Himba' volgens het Otjiherero, de taal die zij spreken, feitelijk niets zegt zonder het voorvoegsel *Ova* dat verwijst naar de meervoudige vorm. De enkelvoudige vorm is 'Omuhimba'. Ook wordt er in de programma's gesproken over KaokAland in plaats van KaokOland. Ik hanteer de officiële naam Kaokoland. De Ovahimba-deelnemers worden in de programma's gepresenteerd als Chief, Kateeko, Muundjua en Tjiouoa. Chief is echter in werkelijkheid geen chief maar heet Vatiraike Tjirambi en ik noem hem daarom in dit boek Vatiraike. De juiste spelling van Kateeko en Tjiuoua is volgens henzelf Kataeko en Tjiwawa en zo zal ik hen hier dan ook noemen.

naast zijn er buiten Nederland diverse realitysoaps uitgezonden waarin ook cultuurverschillen centraal staan. Zo kon er in Engeland naar *Tribe, Tribal Wives, Fat Men Can't Hunt* en *Fat Kids Can't Hunt* worden gekeken. In België kon men kijken naar *Toast Kannibaal* en *Belgen in de Rimboe*, waarvan laatstgenoemde in de zomer van 2009 op de Nederlandse televisie is uitgezonden. Producenten lijken dus ontdekt te hebben dat het in beeld brengen van cultuurverschillen hoge kijkcijfers genereert. Dergelijke programma's zijn naar mijn idee bepalend als het gaat om de beeldvorming van andere culturen en zijn een reflectie van het denken over 'de Ander'. Ze zijn ondanks de onderlinge verschillen, enkel vanuit een westers perspectief gefilmd en ze hebben een relatief hoog sensatiegehalte. In het geval van *Groeten uit de Rimboe* en *Groeten Terug* wordt er steevast gesproken over 'primitieve stammen' die geïsoleerd en nog in het 'primitieve' tijdperk zouden leven. Zij zouden nog nooit in contact zijn gekomen met westerlingen en niet zijn beïnvloed door moderniteit. Enerzijds wordt er op de 'primitieve stammen' neergekeken vanwege hun in onze ogen 'abnormale' gewoonten, anderzijds worden zij vanwege de veronderstelde 'eenvoud' van hun leven juist bewonderd. Door dit beeld van de programma's te analyseren en het tevens vanuit een historisch perspectief te benaderen, zal blijken dat dit beeld niet nieuw is, maar voortborduurt op een traditie van Europese beeldvorming over Afrika en haar bewoners. Ik zal dit uiteenzetten aan de hand van de studie van de filosoof en antropoloog Raymond Corbey over de Europese verbeelding van Afrika tijdens het koloniale tijdperk (Corbey 1983).

Ook zal ik de analyse van de antropologe Marianna Torgovnick bespreken. Zij onderzocht vanuit een cultureel-politiek perspectief de betekenissen die er in het westen tot op de dag van vandaag aan het 'primitieve' in onder andere kunst, literatuur, populaire cultuur en media worden gegeven. Al deze betekenissen tezamen vormen wat Torgovnick het *primitivist discourse* noemt (Torgovnick 1990). Door haar analyse te relateren aan de realitysoaps zal blijken dat dit *primitivist discourse* voortleeft. Vervolgens zal ik de verschillende opinies schetsen, die over *Groeten uit de Rimboe, Groeten Terug* en de Ovahimba in Namibië in omloop zijn. Hieruit zal blijken dat er door diverse personen 'versies' van de Ovahimba worden opgevoerd die er mede voor zorgen dat het *primitivist discourse* in het westen voortduurt; een thema dat Torgovnick onbesproken laat. Bovendien zal hieruit naar voren komen hoe de opinies die verschillende personen hebben, ook die van de Ovahimba zelf, zijn verbonden aan een politieke en/of economische agenda.

De 'primitieve stammen' worden in *Groeten uit de Rimboe* en *Groeten Terug* terug in de tijd geplaatst en zouden een verleden weerspiegelen dat wij ver achter ons zouden hebben gelaten. Ook deze opvatting blijkt niet nieuw te zijn, hetgeen zal blijken wanneer ik de tijdsanalyse van de antropoloog Johannes Fabian in beschouwing neem (Fabian 1983). Hij toont aan dat het denken over de 'primitieve Ander' is verbonden aan een specifieke tijdsbenadering, waarin de gelijktijdigheid van 'primitieve' en 'moderne' samenlevingen wordt ontkend.

Omdat het beeld van de Ovahimba in de programma's volgens specifieke opvattingen is geconstrueerd, is het verleidelijk om te stellen dat de weergave niet juist zou zijn. Aan de hand van dit onderzoek zal echter naar voren komen dat de dichotomie echt-onecht niet absoluut is, maar complex en gelaagd. Daarmee levert dit onderzoek een bijdrage aan de discussie over authenticiteit. Dit zal ik verduidelijken aan de hand van de analyse van de socioloog en filosoof Jean Baudrillard. Hij heeft naar voren gebracht dat de beoogde echtheid van een representatie een illusie is (Baudrillard 2001) en dit blijkt in relatie tot *Groeten uit de Rimboe* en *Groeten Terug* gedeeltelijk op te gaan. De antropoloog Edward M. Bruner poogt echter de dichotomie echt-onecht te overstijgen en toont aan dat er aan het onechte een negatieve connotatie is verbonden (Bruner 1994). Hij laat zien dat authenticiteit een sociale constructie is en dat het onderscheid echt-onecht kan worden losgelaten, aangezien ze beide in het heden worden vormgegeven. Dit blijkt tevens van toepassing te zijn op de programma's, omdat er niet zozeer sprake is van een onechte weergave van het leven van de Ovahimba, als wel van een 'gemaakte echtheid' of een 'gelaagde realiteit'.

De programma's hebben niet alleen bij mij vragen opgeroepen. Er is in Nederland een publieke discussie over de programma's ontstaan, waarin het met name draaide om de vraag of de Ovahimba zijn geëxploiteerd of juist uit vrije wil aan de programma's hebben meegedaan. In deze discussie miste ik het perspectief van de Ovahimba zelf. Doordat hun perspectief in mijn onderzoek wel wordt belicht, zal blijken dat de tweedeling exploitatie-vrije wil eenzijdig is en dat er bovendien op lokaal niveau andere kwesties dan beeldvorming een rol spelen. De vraag of er sprake is van uitbuiting of vrije wil is in relatie tot de programma's ook meerdere malen naar voren gekomen in Namibië. Dit duidt op de aanwezigheid van een nieuwe thematiek binnen het *primitivist discourse*, waarbij door 'de Ander' te conceptualiseren als geëxploiteerd, de eigen notie van vrije wil kan worden verhelderd.

Doordat er in het publieke debat in Nederland is gesuggereerd dat *Groeten uit de Rimboe* een vorm van antropologie zou zijn, is er binnen de antropologie een discussie over het publieke imago van de discipline ontstaan. Een vergelijkbaar debat is naar aanleiding van het programma *Tribe* onder antropologen in Engeland gevoerd. Deze debatten zal ik in dit onderzoek bespreken, om zo een bijdrage te leveren aan de discussie over populaire entertainmentprogramma's als *Groeten uit de Rimboe* en *Groeten Terug* en het publieke imago van de discipline.

Op basis van het voorafgaande is de vraag die in dit onderzoek centraal staat: *Hoe zijn de Nederlandse realitysoaps Groeten uit de Rimboe en Groeten Terug tot stand gekomen en welke opinies zijn er in zowel Nederland als in Namibië over de programma's in omloop?* Bij de totstandkoming van de programma's gaat het enerzijds over de vraag hoe de programmamakers de Ovahimba representeren en op welke onderliggende ideeën dit beeld is gebaseerd. Anderzijds gaat de totstandkoming over de infrastructurele setting van de productie, van Nederland tot in Namibië. Hierbij gaat het om hoe het idee tot uitvoering is gebracht, dus welke partijen erbij betrokken zijn geweest, om welke redenen zij hebben meegewerkt, wat de doelstellingen van de betrokken partijen zijn en hoe het proces van interactie tussen de verschillende partijen is verlopen.

Bij de verschillende opinies die er over de programma's in zowel Nederland als in Namibië in omloop zijn, hanteer ik een multiactorperspectief. Allereerst komt het perspectief van de programmamakers, van diverse personen binnen het publieke debat in Nederland en van de familie Massing aan bod. Vervolgens belicht ik het perspectief van de betrokken partijen in Namibië. Ook beschrijf ik een discussie over een vergelijkbaar programma in een Namibische krant en de meningen van mediastudenten, van personen die werkzaam zijn in de Namibische filmindustrie, van enkele Spaanse toeristen en van een gids. Uiteindelijk geef ik de opinies van de Ovahimba weer die aan de programma's hebben deelgenomen. Hierbij ligt de focus op wat zij van de inhoud van de programma's vinden (hoe worden zij gerepresenteerd), op de samenwerking binnen en buiten hun gemeenschap (met de programmamakers, de familie Massing en andere betrokken partijen) en hoe zij hun deelname en het bezoek aan Nederland hebben beleefd.

De cultuur van de Ovahimba wordt in *Groeten uit de Rimboe* en *Groeten Terug* als een homogene, afgebakende eenheid gerepresenteerd, waarin de Ovahimba volgens enkele essentiële kenmerken, zoals 'primitief', 'traditioneel', 'authentiek' en 'exotisch' worden gedefinieerd. Deze benadering van cultuur verschilt van die van de huidige antropologie, die juist context, dynamiek en individuele betekenisgeving centraal stelt (Brumann 1999). Dit verschil is echter geen reden om deze programma's bij voorbaat te verwerpen, maar om ze juist vanuit een niet-moraliserend standpunt te bestuderen, gericht op waar het beeld op is gebaseerd, hoe het wordt ontvangen en welke ideeën het genereert en in stand houdt.

Ook de communicatiewetenschapper en etnoloog Stijn Reijnders, die een studie heeft verricht naar televisieamusement in Nederland, verzet zich tegen de dominante moraliserende houding ten aanzien van populaire entertainmentprogramma's (Reijnders 2001). Hij omschrijft hoe er de afgelopen decennia een verschuiving heeft plaatsgevonden in het onderzoek naar mediapubliek. Rond de jaren '40 en '50 werden kijkers in navolging van het gedachtegoed van de filosofen Adorno en Horkheimer, voornamelijk beschouwd als kritiekloos en passief. Ze zouden worden misleid en gecontroleerd door de massamedia (ibid.: 32, 224). 'De moderne massacultuur was niets meer dan een gestandaardiseerde, oppervlakkige cultuur, gericht op conformering' (ibid.: 33). Deze kritische houding kwam in Nederland vanaf de jaren '60 in verschillende vormen terug en was gebaseerd op het onderliggende idee dat de opkomst van oppervlakkig televisieamusement het verval van de waarden in de Nederlandse samenleving zou weerspiegelen (ibid.: 225). Deze pessimistische visie heeft gaandeweg plaatsgemaakt voor een cultuurrelativistisch perspectief, waarbij er vanuit een niet-normatieve positie wordt gekeken naar de betekenis van televisieamusement voor het publiek. Zo bestaat er binnen mediastudies sinds de jaren '70 een interesse voor de wijze waarop televisieamusement bijdraagt aan culturele processen, zoals het afbakenen van morele grenzen en het construeren van een groepsgevoel (ibid.: 224-225). De kijker is vanuit deze optiek geen willoze consument, maar een actieve producent die afhankelijk van zijn persoonlijke behoeften en interesses keuzes maakt en binnen een sociale context zelf een betekenis vervaardigt (ibid.: 33-34). Deze ontwikkeling heeft zich ook bij mij gedurende dit onderzoek voltrokken, aangezien mijn moraliserende houding met een pessimistische verontwaardiging, transformeerde in een meer open analytische en niet-normatieve visie.

Reijnders merkt echter op dat, doordat er sinds de jaren '70 zoveel nadruk is gelegd op het proces van toeëigening door het publiek, de aandacht voor de inhoud van televisieamusement en de rol van de producent zijn verwaarloosd. 'Door alle betekenis bij het publiek te leggen, wordt een heel proces vergeten dat aan de toeëigening vooraf gaat' (ibid.: 230). Het gaat naar zijn idee om het bestuderen van de concrete sociale context waarbinnen televisieamusement betekenis krijgt: naast het proces van toeëigening, is het dus ook essentieel om te kijken naar de productie, de sponsoring en de distributie. 'Naast producent en consument spelen ook politiek-economische configuraties en deelnemers een belangrijke rol. De betekenisgeving van een amusementsprogramma is in die zin een dynamisch, multi-actor proces, gebaseerd op onderhandeling tussen verschillende, op elkaar reagerende partijen' (ibid.: 231). Zijns inziens ligt er een uitdaging in het vinden van een raakvlak waarop deze verschillende groepen in contact komen, samenwerken of botsen (ibid.: 234). Deze uitdaging neem ik aan en vormt voor mij een reden om vanuit een multi-actor perspectief de totstandkoming van en de opinies over *Groeten uit de Rimboe* en *Groeten Terug* in kaart te brengen.

Groeten uit de Rimboe en Groeten Terug

Twee Nederlandse gezinnen en één Belgisch gezin gaan de uitdaging van hun leven aan, om voor drie weken alles achter zich te laten. Ze hebben geen flauw benul van de eindbestemming van hun vakantie of wie hun gastheren zijn. Ze gaan leven bij enkele van de laatst overgebleven authentieke stammen in Azië en Afrika (www.sbs6.nl).

Zo luidt de aankondiging van de door Eyeworks geproduceerde realitysoap *Groeten uit de Rimboe* waarvan de eerste serie in het najaar van 2005 door SBS 6 is uitgezonden. Het format is bedacht door twee Belgische backpackers: Tom Cloeckaert en Leen DeWitte. Tijdens hun verblijf bij de Mentawai in Indonesië kwamen zij op het idee om een televisieprogramma te maken over westerse gezinnen die bij een 'inheemse stam' logeren. Samen met Eyeworks België maakten ze voor de Vlaamse zender VTM het programma *Toast Kannibaal* dat in maart 2005 werd uitgezonden. Wegens het succes werd er een Nederlandse variant ontwikkeld en dat werd *Groeten uit de Rimboe* (Blonk 2006: 1). Hierin verruilde de Nederlandse familie Massing – moeder Monique (36), vader Hans (34), zoon Hans Jr. (16) en dochter Rachel (12) – die centraal staat in mijn onderzoek, hun vertrouwde leven in Nootdorp voor een verblijf van drie weken bij de Ovahimba in Kaokoland, het noordwesten van Namibië. Terwijl zij zich probeerden aan te passen aan de zogenaamde 'primitieve' leefomstandigheden werden zij met de camera gevolgd.

In het voorjaar van 2006 is er op *Groeten uit de Rimboe* een vervolg gekomen met de titel *Groeten Terug*. Hierin brengen de 'inheemse stammen' een bezoek aan de families die eerder bij hen te gast waren. Zo logeerden de Ovahimba, waaronder de 'chief', zijn eerste vrouw Kataeko, zijn tweede vrouw Muundjua en Tjiwawa, een vriend van de 'chief', voor twee weken bij de familie Massing. Het was nu aan hen om een weg te vinden in de andere leefwereld. Achtereenvolgens zijn er nog twee series van *Groeten uit de Rimboe* en *Groeten Terug* uitgezonden en het concept van Eyeworks is binnen en buiten Europa verkocht

(Eindhoven 2007: 8).[3] De eerste serie van het programma was met een gemiddelde van 800.000 kijkers zeer populair en het werd genomineerd voor de *Gouden Roos* in de categorie reality (Blonk 2006: 1, 7). Naar de derde serie van *Groeten uit de Rimboe* keken zelfs 1.182.000 mensen (www.mediacourant.nl). Welke formule schuilt er achter dit succes?

Culturele tegenstellingen in beeld

De formule van *Groeten uit de Rimboe* en *Groeten Terug* bestaat uit het zo extreem mogelijk in beeld brengen van culturele tegenstellingen. SBS 6 zet in op de sensationele aantrekkingskracht van de cultuurschok en stelt de confrontatie met zogezegd 'primitieve stammen' centraal. Zo hopen de makers vermaak te produceren; het doel van het programma is tenslotte entertainment. De sensatie komt onder andere terug in de manier waarop SBS 6 via de aankondigingen van het programma kijkers probeert te trekken. Er wordt gesproken over 'hilarische televisie', 'Himba mannen die er meerdere vrouwen op na houden', 'op kippenkoppen kauwende Mentawai', 'larven als lekkernij', Tamberma die in 'kleine holen' slapen en 'vrouwen die niets te vertellen hebben' (dvd SBS 6 2006: achterzijde). De vraag die daarbij centraal wordt gesteld is: 'Weten de gezinnen zich aan te passen of is de cultuurschok te groot?' *Groeten Terug* legt de nadruk op sensatie door te spreken over '[...] stamleden die in een wereld komen waar ze nog nooit van hebben gehoord, laat staan die ooit te hebben gezien en ze begrijpen vaak niets van die rare Hollanders' (ibid.).

Wanneer de deelnemers van het programma door SBS 6 aan de kijker worden voorgesteld, worden de culturele tegenstellingen centraal gesteld. De westerse families worden gepresenteerd als individuen met volledige namen, hobby's, beroepen, voor- en afkeuren en persoonlijke eigenschappen. De 'stammen' worden daarentegen

---

3 In het najaar van 2006 is er een tweede serie van *Groeten uit de Rimboe* uitgezonden, met in het voorjaar van 2007 het vervolg *Groeten Terug*. Nadien is het soortgelijke programma *Belgen in de Rimboe* op SBS 6 uitgezonden, dat eerder op de Belgische televisie te zien was als *Toast Kannibaal*. Op 29 maart 2008 is de derde serie van *Groeten uit de Rimboe* van start gegaan met vanaf 1 November 2008 het vervolg *Groeten Terug*. Het concept van Eyeworks is verkocht aan Duitsland, wat in het programma *Wie die Wilden* resulteerde en ook Australië en Nieuw-Zeeland hebben interesse getoond. Eyeworks voert daarnaast onderhandelingen met Scandinavië, Italië, Spanje en Amerika (Eindhoven 2007: 8).

slechts als collectief naar voren gebracht. De familie Massing wordt in het programma gepresenteerd als een hecht gezin dat alles samen doet. Dit wordt tegenover de Ovahimba gezet, die grotendeels gescheiden van elkaar zouden leven en waar mannen en vrouwen apart zouden slapen. Monique wordt gepresenteerd als een toegewijde huismoeder, die veel waarde hecht aan hygiëne. Dit wordt naast de Ovahimba-vrouwen geplaatst, die zich van hun geboorte tot hun dood niet zouden mogen wassen, zich insmeren met een 'okerkleurige pap' en hutten bouwen met de uitwerpselen van koeien. Wanneer Hans Jr. wordt voorgesteld, wordt er gezegd dat hij verslaafd is aan chips en dat hij alleen houdt van 'drinken met een smaakje'. Vervolgens wordt er beweerd dat de Ovahimba alleen water zouden drinken. In de presentatie van Rachel wordt er gezegd dat zij dol is op dieren en hen nooit zal slaan. De Ovahimba zouden echter ruw met dieren omgaan. Verder wordt de behoefte aan privacy van de Massings tegenover de veronderstelde nieuwsgierigheid van de Ovahimba gezet.[4] De maatstaven van de westerse families vormen dus het beginpunt waar telkens een culturele variant tegenover wordt gezet. Zo lijkt alles tegengesteld te zijn aan de westerse persoonlijke gewoonten en behoeften. De spanning wordt op deze manier in de presentatie geleidelijk aan opgebouwd en het grensverleggende avontuur kondigt zich aan. De kijker wordt in de stemming gebracht en weet dat de families het zwaar zullen gaan krijgen en dat de extreme verschillen ongetwijfeld tot conflicten zullen gaan leiden.

Om de misverstanden en de confrontaties tussen de verschillende culturen te stimuleren en zo het vermaak te bevorderen en het niveau van kijkcijfers te verhogen, wordt de vertaler niet ingezet om de communicatie tussen beide culturen te vergemakkelijken. Hij is slechts

---

[4] Ook bij de andere westerse families worden de tegenstellingen scherp uitgemeten. Zo wordt de behoefte aan privacy van de familie Rentier tegenover het hechte groepsleven van de Mentawai gezet; de angst voor insecten tegenover de Mentawai die insecten als delicatessen zouden eten; de gehechtheid aan hygiëne tegenover de 'viesheid' van de Mentawai en de 'luie' zoon tegenover de Mentawai cultuur waar de jongeren de ouderen moeten helpen. Bij de Belgische familie Bierkens wordt het niet kunnen verdragen van de warmte tegenover de enorme hitte in Togo gezet; een vrijgevochten dochter die geen autoriteit duldt tegenover de Tamberma waar de man de baas zou zijn; bang zijn in het donker versus het slapen in een hol en kleinzerigheid tegenover de krijgers van de Tamberma, waar kracht nodig is om respect af te dwingen.

aanwezig om de te ondernemen activiteiten aan beide partijen te verduidelijken. De vertaling van wat er door de deelnemers wordt gezegd, is er later alleen voor de kijker onder gemonteerd. Deze aanpak belemmert een dialoog tussen de deelnemers. Ze kunnen slechts gissen naar wat de ander bedoelt en in sommige gevallen leiden de misverstanden tot conflicten, waarbij de emoties hoog oplopen.

Ook de activiteiten in het programma dienen ter ondersteuning en bekrachtiging van de tegenstellingen tussen de culturen. Wanneer de familie Massing in Kaokoland aankomt, is er allereerst sprake van wat omschreven zou kunnen worden als 'welkomstgeweld'. Ze worden direct omgeven door een grote groep uitbundige en zo goed als naakte Ovahimba. Door het ontbreken van een vertaler begrijpen ze niet wat er om hen heen gebeurt. De Ovahimba betasten hen aan alle kanten, wat door de *otjize* (een huidverzorgingsproduct gemaakt van rood poedersteen, as en vet) van de Ovahimba-vrouwen vegen op hun lichaam achterlaat. Hierdoor zien de Massings er direct 'vies' uit. Het is een ontmoeting die door de programmamakers zo overweldigend mogelijk is gemaakt. Er is sprake van een bijna letterlijke onderdompeling in de nieuwe wereld met als resultaat dat Rachel overstuur raakt. Vader Hans Sr. probeert haar te kalmeren en zegt: 'Ze zijn anders dan wij. Ze zijn gewoon veel meer handtastelijk.' Ook de Ovahimba-kinderen proberen Rachel gerust te stellen en zeggen haar wanneer ze haar de hut laten zien waar zij mag gaan slapen: 'Je hoeft niet bang te zijn, we eten geen mensen.'

Nadat de gemoederen zijn gesust, begint de deelname aan het vreemde nieuwe leven. De Ovahimba-vrouwen vragen Monique om een koe te melken. Zij slaagt hier, tot grote verbazing van de Ovahimba, niet in. Ook moet Monique mee om water te halen. Dit leidt niet voor de laatste keer tot een conflict tussen de verschillende seksen. Monique: 'Ik vind het abnormaal dat de mannen zo lui zijn, op hun kont zitten en dat de vrouwen alles moeten doen.' Ook haar behoefte aan hygiëne wordt op de proef gesteld; ze mag zich net zoals de Ovahimba-vrouwen niet wassen. Ook vragen de vrouwen haar om hulp bij het bouwen van een hut met de uitwerpselen van koeien. Hiertoe is ze alleen bereid nadat ze sokken om haar handen en voeten heeft gedaan.

De aanpassing aan de nieuwe cultuur wordt 'echt' gemaakt wanneer de Massings in traditionele Ovahimba-kleding worden gehuld. Monique wordt daarbij tevens van top tot teen ingesmeerd met *otjize* en ze zegt: 'Ze gaan ons helemaal Himba maken nu. [...] We zullen nu een keertje met hun mee doen.' Een Omuhimba-vrouw: 'Nu je onze kleding draagt, begrijp je onze cultuur beter.' Monique wordt bij deze transformatie voor de tweede keer gevraagd om haar beha uit te doen. Net als bij de eerste keer leidt het tot een uitgemeten en voorspelbaar conflict, waarbij ze weigert. De familie lacht uitbundig om hun nieuwe uiterlijk. Dat de Ovahimba deze carnavalshouding niet op prijs stellen, blijkt uit de vernietigende blik van Kataeko, de eerste vrouw van de 'chief', op de achtergrond.

Ter ere van de komst van de familie Massing slachten de Ovahimba voor hen een stier. Vader en zoon Massing kijken toe en participeren voorzichtig. Monique raakt echter buiten zinnen en roept: 'Niet aanraken! Doe normaal! Ik herken je niet meer terug.' Ook Rachel keurt de participatie van haar familieleden fel af en een scène met geschreeuw en gescheld volgt. Deze scène toont hoe naast de conflicten tussen de beide culturen, de programmamakers ook de conflicten bínnen de families uitvergroten. De één past zich nu eenmaal makkelijker aan dan de ander. Dit kan tot heftige ruzies leiden, waarbij de één het gedrag van de ander die participeert, belachelijk en verwerpelijk vindt. Een ander voorbeeld hiervan is de scène waarin Hans Jr. de Ovahimba helpt bij het villen van een kalf dat door een jachtluipaard in de omgeving is gedood. Moeder Massing schreeuwt vanaf de andere kant van de kraal tegen haar zoon: 'Ben je gek geworden, doe normaal joh! Als je je HAVO niet haalt, weet ik nog wel een baantje voor je straks, in het slachthuis!' De Ovahimba slaan het schouwspel met grote verbazing gade.[5]

Het verblijf in de 'primitieve' omstandigheden is voor de familie Massing afzien en ze doen hun best de ontberingen te doorstaan en hun angst voor het onbekende te overwinnen. Monique: 'We zijn het allemaal zat. [...] Zij vinden het normaal om de hele dag op hun kont te zitten, maar ik heb van die ligplekken nu, door al het op de grond

---

[5] Bij de familie Bierkens is dit thema ook duidelijk zichtbaar. De vader doet alles vol overgave met de Tamberma mee. Zijn zoon zegt dat hij zijn vader hierdoor niet meer herkent, dat hij met de dag gekker lijkt te worden en dat hij zijn verstand lijkt te zijn verloren.

zitten en slapen. Een stoel zou een luxe wezen.' Ondanks alles is het afscheid voor zowel de Massings als de Ovahimba een moeilijk moment. Hans Sr.: 'Bedankt voor deze unieke ervaring, we zullen 't nooit vergeten, we hebben respect voor jullie, we hebben onze grenzen verlegd.' Ondanks de angst en de verbazing van het begin en de grote culturele verschillen, zou er tussen de deelnemers in drie weken tijd een 'innige vriendschap' en een 'band voor het leven' zijn ontstaan. Er vloeien afscheidstranen en de Ovahimba zeggen dat de Massings in de toekomst altijd welkom zijn. In een ezelkar verlaat de familie Massing Kaokoland.

Na het afscheid worden de Massings voor de ontberingen die zij hebben doorstaan, beloond met luxe; ze mogen in de presidentiële suite van een chique lodge overnachten. Monique: 'Het is een droom, eindelijk is alles weer normaal.' Na hun barre verblijf in de 'rimboe' hebben ze eindelijk weer rust, privacy, bedden, een bad én cocktails.

In *Groeten Terug* keren Hans Sr. en Rachel terug naar Namibië om vier van de Ovahimba deelnemers (de 'chief', zijn eerste vrouw Kataeko, zijn tweede vrouw Muundjua en Tjiwawa, een vriend van de 'chief') op te halen voor een bezoek aan Nederland. Alvorens zij met de Ovahimba in het vliegtuig stappen, slapen ze gezamenlijk in een hotel waar de Ovahimba voor het eerst in aanraking zouden komen met de moderniteit. Deze gedachte wordt ondersteund door een scène waarin ze voor de eerste keer een spiegel, een douche, een toilet en kussens zouden zien. Tjiwawa wil buiten op de grond slapen omdat hij bang zou zijn van de televisie die binnen aanstaat. 'Ik kan niet slapen met allemaal bewegende beelden in de kamer.' Wanneer zij in Düsseldorf een tussenstop maken, zien we de verbazing van de Ovahimba over al die vreemde dingen, zoals een loopband, een roltrap, een trein ('Het is net een slang'), een krant en een lift.

Eenmaal aangekomen bij hun logeeradres in Nootdorp kijken de Ovahimba onwennig om zich heen. Gehuld in de dikke jassen die ze hebben gekregen tegen de kou, staan ze in de huiskamer van de familie Massing. Ze zien roze gordijnen, witte banken, een bos roze rozen op een glazen tafelblad, een televisie, een witte glimmende stenen vloer en deuren met gouden deurklinken. Tjiwawa bekijkt zichzelf in de grote spiegel met gouden omlijsting. De gasten ontdoen zich van hun dikke jassen en voorzichtig nemen ze plaats. Vol verbazing kijken ze naar de zwarte opgezette hond die midden in de huiskamer staat. Ze vragen zich af wat ze ermee hebben gedaan; hij lijkt wel dood, of is hij misschien verdroogd? 'Chief': 'Dat is zeker neergezet om mensen voor de gek te houden... Oh... deze mensen toch... wat doet die hond hier? En waar gaan we nou slapen?' Tjiwawa zegt dat dit huis niet goed voor hem is. 'Misschien komt dat omdat ik het niet gewend ben. Ik kan hier ook niet zo snel de deuren vinden. Of is dit een soort gevangenis? Daar heb ik wel eens van gehoord namelijk. Ik vind het helemaal niks.'

De weergave van het verdere verblijf van de Ovahimba in Nederland is een opsomming van uitstapjes. Zo worden ze meegenomen naar Scheveningen waar ze voor de eerste keer in hun leven de zee zien. Kataeko vindt het beangstigend. Muundjua vraagt: 'Wie duwt er tegen het water? Wat zit erachter en waar stopt het?' Door het ontbreken van een vertaler blijven haar vragen onbeantwoord. Ook brengen ze een bezoek aan Volendam waar Kataeko overstuur raakt wanneer zij paling ziet. Volgens het audio-commentaar lijkt de paling in hun ogen namelijk op levensgevaarlijke slangen. Zoals de familie Massing zich destijds als symbool van aanpassing in traditionele Ovahimba-kleding heeft gehuld, zo worden de Ovahimba nu aangekleed als traditionele Volendammers. Verder brengen de Ovahimba een bezoek aan een dierentuin, een kinder- en een kaasboerderij, de Efteling, een schaatsbaan, een taekwondowedstrijd van Hans Jr., een poolcafé, een taxidermiemuseum en een restaurant. Ook krijgen de Ovahimba bezoek van Sinterklaas en Kataeko en Muundjua nemen deel aan een door Monique georganiseerde lingerieparty.

Het alledaagse Nederlandse leven wordt in vergelijking tot de diverse uitstapjes nauwelijks in beeld gebracht. Enkele voorbeelden van dagelijkse activiteiten zijn het kijken van televisie (Tjiwawa: 'Het lijkt wel alsof er onweer in dat ding zit!'), een bezoek aan een supermarkt, het verjaardagsfeest van Hans Jr., een reparatie die loodgieter Hans Sr. uitvoert en het nuttigen van maaltijden. Verder moeten de Ovahimba helpen met koken, afwassen en schoonmaken, waardoor de verschillende rolpatronen weer contrasteren. Tjiwawa: 'Bij ons doen de vrouwen dit soort dingen.'

Wanneer het tweede onvermijdelijke afscheid is aangebroken, vloeien er bij de Massings en de Ovahimba opnieuw tranen. De Ovahimba lijken blij te zijn wanneer ze weer terug zijn in Namibië en ze vertellen hun familie en vrienden uitvoerig over hun ervaringen.

Er is na drie series van *Groeten uit de Rimboe* en *Groeten Terug* een bepaalde lijn te ontdekken in de selectie van de westerse families. In iedere serie is één gezin 'artistiek', politiek links, vaak dierenvriend en vegetariër. Een ander gezin is lager opgeleid, heeft een modaal inkomen, schenkt veel aandacht aan het uiterlijk en kan zich vaak fel uiten. Het andere gezin is hoger opgeleid en heeft een bovenmodaal inkomen. De verschillende reacties van de families op het tijdelijke 'primitieve' bestaan leveren diverse televisiebeelden op, waardoor verschillende groepen kijkers binnen de Nederlandse samenleving zich al dan niet met een bepaalde familie kunnen identificeren of vermaken.

Het verblijf in de 'rimboe' is voor de westerse families een waar avontuur, want ze moeten de ontberingen zien te doorstaan. Het is een persoonlijke test; ze krijgen te maken met hun onvermogen en frustraties. Het is de vraag of hun uithoudingsvermogen sterk genoeg is om te kunnen overleven binnen de 'primitieve' wereld. Uiteindelijk worden zij voor deze zware strijd beloond met een verblijf in een lodge, waar ze zichzelf kunnen onderdompelen in een 'bad' van vertrouwdheid en luxe. Volgens de verhaallijn van elke serie levert het verblijf bij de 'primitieve stam' hen, ondanks de angst en de verbazing van het begin, een bijzondere vriendschap én een onvergetelijke unieke persoonlijke ervaring op. Het verblijf is naast een persoonlijke test, ook een familietest. Door het idee 'samen staan we sterk' worden de familiebanden aangehaald. Tevens vinden de gezinnen een zeker levensgeluk terug dat door het stressvolle westerse bestaan zou zijn verminderd. De andere cultuur is dermate 'authentiek' en 'eenvoudig' ('ze hebben zo weinig nodig om gelukkig mee te zijn'), dat er met een relativerende blik naar het oude leven in Nederland wordt gekeken. Het onvergetelijke avontuur heeft hun leven voorgoed veranderd.

Er zijn in het programma voortdurend grensoverschrijdende elementen te herkennen. De andere cultuur wordt als het 'abnormale' gezien en vanzelfsprekende 'normale' Nederlandse waarden en gewoonten op het gebied van hygiëne, privacy, rolpatronen of voedsel worden op hun kop gezet. De eigen grenzen worden voortdurend bedreigd en dus angstvallig bewaakt en soms overschreden. Bij dit proces komen veel emoties kijken en soms leidt het tot conflicten tussen de twee culturen of tot conflicten binnen de families. Fysieke sensaties zoals afschuw, walging of uitputting, als gevolg van de confrontaties met bijvoorbeeld halfnaakte lichamen, het slachten van een dier, uitwerpselen van vee of het gebrek aan water, leveren het bewijs van de spanning en maken de grensoverschrijdende ervaring voor de kijker 'echt' en herkenbaar. Omgekeerd dienen de westerse gewoonten voor de Ovahimba ook als voorbeeld. Zo krijgen zij als geschenk zeep en parfum – Monique: 'Om lekker te gaan ruiken' – en een beha – Monique: 'Zo krijg je nooit meer hangtieten'.

Doordat het programma enkel vanuit een westers perspectief is gefilmd, komt de kijker nauwelijks iets te weten over de andere cultuur, alleen dat ze 'anders' zijn. De weergave blijft beperkt tot een oppervlakkige registratie van geconstrueerde verschillen, zonder verklaringen over culturele gebruiken of sociale, politieke of economische ontwikkelingen. De enige beschikbare achtergrondinformatie over de Ovahimba, is een summiere beschrijving op de website van SBS 6.[6] Hierin wordt benadrukt dat de cultuur van de Ovahimba nog niet is beïnvloed door moderniteit. Dit wekt de illusie dat zij in een unieke en authentieke situatie zouden verkeren. De beschrijving op de website versterkt deze veronderstelde authenticiteit door vooral die kanten te belichten die voor westerlingen tot de verbeelding spreken. Zoals de in onze ogen 'primitieve' manier van leven, het eenvou-

---

6 Deze beschrijving luidt: 'De Himba leven in Kaokaland, in het Noorden van Namibië. Het is een heel fier volk dat tot de dag van vandaag hun cultuur heeft weten te bewaren en de verlokkingen van de westerse wereld heeft weerstaan. De Himba is een semi-nomadisch volk dat met hun kuddes (koeien, geiten en schapen) door het kurkdroge Kaokaland trekt op zoek naar water en voedsel van hun vee. Elke familie heeft ook een vaste woonplaats (de kraal), waar ze geregeld naar terugkeert. De Himba leven voornamelijk van zure melk en orehere (een pap op basis van maïsmeel en water). Bij speciale gelegenheden wordt vlees gegeten. Hierbij gaat niets verloren. Alles wordt gekookt (ook de ingewanden) en opgegeten. Van de huid wordt kleding gemaakt. Als de Himba ongeveer tien jaar oud zijn worden de twee voortanden eruit geslagen met een stok en een steen. Jonge meisjes hebben hun haar in twee vlechten aan de voorkant van hun gezicht. Niet-getrouwde jongens hebben een soort punkkuif. De kleding van de Himba wordt gemaakt van dierenhuiden en hun rijkdom kan afgeleid worden aan het aantal stuks vee dat ze bezitten. Himba vrouwen wassen zich niet, vanaf de geboorte tot de dood. Toch zijn ze elke dag een tijd bezig zich te verzorgen. Dagelijks smeren ze hun hele lichaam in met een mengsel van dierlijk vet en oker. Daardoor krijgen de vrouwen een typische rode kleur. Dit mengsel geeft de vrouwen ook een goede bescherming tegen het woestijnklimaat en zorgt ervoor dat de huid glad en gaaf blijft' (www.sbs.nl).

43

dige eten (waaronder ingewanden), voortanden die er ter initiatie met stok en steen zouden worden uitgeslagen en vrouwen die zich nooit zouden wassen. Dit simplificeert de complexiteit van het bestaan van de Ovahimba tot 'primitief'.

De diverse termen dragen ook bij aan de veronderstelde 'primitiviteit' in het programma. Zo heeft de titel *Groeten uit de Rimboe* in relatie tot de Ovahimba weinig betekenis, aangezien er in Namibië naar mijn idee geen rimboe bestaat. Rimboe wordt gedefinieerd als: 1. *oerwoud* 2. *eenzame, afgelegen streek* (Koenen 1992). Kaokoland is echter een dorre, heuvelachtige savanne, begroeid met kleine bomen en struiken. Het is weliswaar een uitgestrekt gebied, maar het wordt veelvuldig bezocht door toeristen, filmmakers, ontwikkelingswerkers en onderzoekers. De 'rimboe' is echter dé plaats waar de 'primitieve' mens in onze verbeelding thuis zou horen. Ook wordt er in het programma gesproken over de 'Himba *stam*' terwijl de Ovahimba behoren tot de Bantoe-sprekende *volkeren*. Een 'stam' wekt, in tegenstelling tot een volk, de associatie met een kleine geïsoleerde homogene en 'primitieve' gemeenschap. Bij dit beeld van een 'stam' hoort ook een *chief*. Het is daarom niet verwonderlijk dat Vatiraike in het programma steevast *chief* wordt genoemd, terwijl de werkelijke *chief* van Ombaka, Mbunguha Hembinda blijkt te zijn (zie bijlage 1). Deze termen worden dus stuk voor stuk ingezet om het specifieke beeld over Afrika en haar 'primitieve' bewoners op te bouwen.

De Ovahimba-cultuur wordt in het programma als een homogene, afgebakende eenheid gepresenteerd. Deze representatie is op een essentialistisch cultuurconcept gebaseerd; het definieert de Ovahimba op basis van enkele essentiële kenmerken, zoals 'primitief', 'authentiek' en 'exotisch' en aan de hand van 'statische' tradities. Deze benadering is a-historisch, omdat ze de cultuur van de Ovahimba als tijdloos presenteert. Deze zienswijze zet cultuur vast in tijd en plaats en gaat voorbij aan de dynamiek die er tussen en binnen de verschillende generaties bestaat (Fabian 1983: 17-18).

De boodschap van het programma *Groeten uit de Rimboe* is tweeledig. Enerzijds is er sprake van afschuw, minachting en walging voor de andere cultuur. Anderzijds worden eenvoud en schoonheid geromantiseerd en bewonderd. Het 'primitieve' leven schrikt af, maar fascineert tegelijkertijd. De specifieke benadering van 'de Ander' die de programmamakers hanteren, produceert op deze manier een stereotype beeld. Dat dit beeld niet nieuw is, maar deel uitmaakt van een historisch gegroeid conglomeraat van westerse beelden van Afrika in het algemeen en van de Ovahimba in het bijzonder, bespreek ik in het volgende hoofdstuk.

Oude beelden in een nieuwe jas

Imagining 'them', in order to imagine 'us' (Torgovnick 1990: 246).

De verbeelding van de 'primitieve' mens

De programma's *Groeten uit de Rimboe* en *Groeten Terug* presenteren de Ovahimba als een 'primitieve stam', maar waar komt dit beeld van 'primitiviteit' vandaan? Hiervoor is het verhelderend om te kijken naar de Europese verbeelding van Afrika tijdens het koloniale tijdperk. Corbey heeft het gedachtegoed blootgelegd dat volgens hem aan deze verschillende representaties ten grondslag ligt. Hij ziet de uiteenlopende koloniale uitingen over Afrika als betekenissystemen en ze vormen volgens hem:

> [...] één grote Europese Tekst, een in hoofdzaak mannelijk discours over een imaginair, vrouwelijk Afrika, een narratio over wildheid en beschaving, met een welbepaalde structuur. [...] Telkens dezelfde paradigmatische tegenstellingen: beschaafd tegenover (en boven) wild, beheerst tegenover impulsief, mannelijk tegenover vrouwelijk, menselijk tegenover dierlijk, christelijk tegenover heidens, cultuur tegenover natuur. Telkens dezelfde syntagmatische opbouw: Europa vertegenwoordigt een latere, dus hogere fase uit de wereldgeschiedenis, en heeft daarom de taak minder ver ontwikkelde, lagere 'natuurvolkeren' te helpen door hen te civiliseren in naam van de vooruitgang, dan wel te kerstenen in naam van God. Telkens dezelfde beeldspraak: Afrikaans betekent wild, donker, vrouwelijk, dierlijk, primitief (Corbey 1989: 156).

Deze tegenstellingen en beeldspraak zijn, zoals beschreven in het vorige hoofdstuk, duidelijk terug te vinden in de programma's. Het beeld van 'de Ander' dat volgens Corbey uit dit koloniale discours naar voren komt, is een uiting van een even imaginair Europees, etnocentrisch zelfbeeld dat wordt omgekeerd. De anderen zijn wat wij niet willen zijn: blank tegenover zwart, actief tegenover passief, leider tegenover volgeling, schenker tegenover ontvanger, beschaafd tegenover wild (ibid.: 156). Via het beeld van 'de Ander' definiëren Europeanen de eigen identiteit. Door de eigen identiteit daarbij als meer ontwikkeld en superieur te stellen, vindt er naast omkering tegelijkertijd ook uitsluiting van 'de Ander' plaats (ibid.: 87). Deze omkering is terug te vinden in *Groeten uit de Rimboe* en *Groeten Terug*, waar vanzelfsprekende Nederlandse waarden contrasteren met de in onze ogen 'abnormale' gewoonten van de Ovahimba. De tegenstellingen versterken het gevoel van Nederlandse eigenheid, bakenen de eigen culturele grenzen af en houden daardoor de Ovahimba op een afstand.

Hoewel er binnen de Europese koloniale verbeelding van Afrika een negatief beeld van 'de Ander' overheerste, ontstond er tijdens de Romantiek een even stereotype en essentialistisch, maar dan positief beeld van 'de Ander': de nobele, door de beschaving onbedorven natuurmens, die zuiver, puur, fascinerend, lieflijk en mooi zou zijn (Corbey 1989: 156-157). Afrika werd daarbij gerepresenteerd als een '[...] paradijselijke, exotische wereld die diepe, nostalgische verlangens opriep naar iets wat in Europa verloren leek te zijn gegaan' (ibid.: 58). De 'primitieve' mens representeerde een onschuldige authenticiteit en een onbezoedelde eenvoud en belichaamde daarmee waarden die in het westen verloren waren gegaan (Tythacott 2003: 49-50). Deze ambivalentie van afschuw en neerbuigendheid tegenover verheerlijking en romantisering, is nooit verdwenen en is duidelijk zichtbaar in *Groeten uit de Rimboe* en *Groeten Terug*.

De realitysoaps voeden ook een nieuwsgierigheid naar onbekende en vreemde culturen die ouder is dan de dag van vandaag. Deze belangstelling is in eerste instantie voortgekomen uit het 'kleiner' worden van de wereld, voornamelijk als gevolg van koloniale avonturen. In *Groeten Terug* gaan de programmamakers nog een stap verder; de 'primitieve stammen' worden naar Europa gehaald. Ook dit is geen nieuw fenomeen, denkend aan de negentiende-eeuwse Wereldtentoonstellingen in Europa. Hier '[...] speelden in levenden lijve te kijk gestelde leden van "natuurvolkeren" of "lagere rassen" een rol' (Corbey 1989: 17). Met deze Wereldtentoonstellingen vierden '[...] de westerse imperia in eufore stemming de triomf van "de" beschaving. De wereld als schouwtoneel, de burger op de eerste rang' (ibid.: 16). Tegenwoordig zit de burger op de bank, waar hij de mogelijkheid heeft om vanuit zijn huiskamer via de televisie onbekende en verre culturen te aanschouwen. Enkele gelijkenissen tussen deze wereldtentoonstellingen en *Groeten Terug* zijn te opmerkelijk om aan voorbij te gaan. Zo werd bijvoorbeeld het contrast tussen de 'anderen' en de bezoekers op wereldtentoonstellingen zo groot mogelijk gemaakt. Er vond tevens geen communicatie tussen beiden plaats, en '[...] westerse kleding was alleen toegestaan nadat de tentoonstelling afgelopen was. De primitieven traden op, de westerse bezoekers bekeken hen, en het schouwspel dat ze zagen was tot in de kleinste details geënsceneerd' (ibid.: 141). Onder de bezoekers stond verbazing en fascinatie centraal: er heerste een soort visuele gretigheid (ibid.). Het zo groot mogelijk gemaakte contrast, het gebrek aan communicatie en de ensenering van het beeld zijn centrale onderdelen van *Groeten uit de Rimboe*, dat evenzo wordt gedreven door verbazing en visuele gretigheid.

Corbey concludeert dat de Europese beeldvorming over het Afrikaanse continent door een vooraf gegeven discours, een tekst over wildheid en beschaving, werd bepaald. 'Deze structuren bepaalden in hoge mate wat men zag en kón zien' (ibid.: 157). Deze Europese tekst leek dus aanvankelijk een onthulling van een onbekende wereld, maar was in feite een verhulling (ibid.: 158). Zo bleven beeldmaker en beeldontvanger '[...] gevangen in hun eigen vooroordelen, hun eigen preoccupaties, hun eigen dromen' (ibid.: 62). De actualiteit van dit aloude thema blijkt uit het feit dat de programmamakers zich net zo lijken te bedienen van een vooraf bepaald discours, waarin op zoek wordt gegaan naar 'primitieve' Ovahimba, die vervolgens worden vergeleken met 'beschaafde' en 'moderne' Massings. De programmamakers zitten daardoor, zoals hun voorgangers in de koloniale tijd, gevangen in hun eigen web van preoccupaties. In hun zoektocht naar 'primitieve' Ovahimba is het 'primitieve' het enige waar ze oog voor lijken te hebben. De programmamakers zijn ook te vergelijken met klassieke avonturiers. 'Their mission is to find territories where primitives have not yet or sparingly come into contact with Euro-Americans, experience them, and then write about them' (Torgovnick 1990: 177). Ze hanteren hierbij specifieke opvattingen en laten dat wat niet aan hun beeld voldoet buiten beschouwing en daarmee is '[...] their story another instance of the primitive telling the seeker of "the primitive" what he wants to hear' (ibid.: 180). Ook lijken de programmamakers gedreven te worden door de aloude druk dat deze 'primitieve stammen' in beeld moeten worden gebracht, voordat ze van de

48

aardbodem zijn verdwenen en hun wijsheid is vergaan (ibid.: 181).

Torgovnick is in haar analyse van het 'primitieve' verder gegaan dan alleen het koloniale tijdperk (Torgovnick 1990). Zij laat zien hoe het 'primitieve' telkens in onze verbeelding in verschillende gedaanten opduikt en hoe het deel is gaan uitmaken van onze moderne cultuur. Zij benadrukt dat de term 'primitief' – die ook in *Groeten uit de Rimboe* en *Groeten Terug* steeds wordt gebruikt – niet zonder problemen is, aangezien de term niet waardevrij is. Met 'primitief' wordt vandaag de dag verwezen naar sociale formaties in geïsoleerde delen van de wereld, die zouden worden gekarakteriseerd door het ontbreken van technologie. Er bestaat geen politiek neutrale equivalent voor de term 'primitief'. Wild, tribaal, onderontwikkeld, archaïsch, traditioneel, derde wereld, niet-westers, de Ander: allemaal nemen ze het westen als norm en definiëren de rest als afwijkend of ondergeschikt (ibid.: 19-21).

Torgovnick benadrukt, net als Corbey, dat de 'primitieve' mens in onze verbeelding in allerlei dichotomieën bestaat. '[...] by turns gentle, in tune with nature, paradisal, ideal – or violent, in need of control; what we should emulate or, alternately, what we should fear; noble savages or cannibals' (Torgovnick 1990: 3). Rondom de 'primitieve' mens zwermen dus ongekend veel beelden en ideeën.

> Primitives are like children, the tropes say. Primitives are our untamed selves, our id forces – libidinous, irrational, violent, dangerous. Primitives are mystics, in tune with nature, part of its harmonies. Primitives are free. Primitives exist at the 'lowest cultural levels'; we occupy the 'highest', in the metaphors of stratification and hierarchy (Torgovnick 1990: 8).

Al deze verschillende betekenissen tezamen vormen de basis voor wat Torgovnick het *primitivist discourse* noemt: '[...] a discourse fundamental to the western sense of self and Other (Torgovnick 1990: 8). Dit identiteitsthema vormt de centrale pijler van het *primitivist discourse* en zij heeft dit thema, dat minder uitgebreid maar ook door Corbey is beschreven, scherpzinnig geanalyseerd. Volgens haar wordt de 'primitieve' mens veelal gedefinieerd als anders dan, of tegengesteld aan ons heden, waarna er vervolgens vragen over dat heden worden gesteld. Bijvoorbeeld: Zijn wij te materialistisch ingesteld? Dan is de 'primitieve' mens dat juist niet. Voelen wij ons seksueel onderdrukt? Dan zou de 'primitieve' mens juist vrij zijn en geen angst hebben voor zijn lichamelijkheid. Zijn wij Christenen? Dan zou de 'primitieve' mens een heiden zijn (ibid.: 8-9). 'In each case, the needs of the present determine the value and nature of the primitive. The primitive does what we ask it to do. Voiceless, it lets us speak for it. It's our ventroliquist dummy – or so we like to think' (ibid.: 9). Het oordeel dat over de 'primitieve' mens wordt geveld, is dus afhankelijk van de tijd, de plaats en de omstandigheden, wat duidt op de kneedbaarheid van het begrip. En dat is volgens Torgovnick precies de reden dat het *primitivist discourse* tot op heden voortduurt. 'The real secret of the primitive in this century has often been the same secret as always: the primitive can be – has been, will be (?) – whatever Euro-Americans want it to be. It tells us what we want it to tell us' (ibid.: 9).

In de poging 'de Ander' te definiëren, definiëren we dus in feite onszelf (ibid.: 25). In de verbeelding van het 'primitieve' gaat het volgens Torgovnick niet zozeer over *going away*, maar meer over *going home*, want via de vreemdheid van 'de Ander' kunnen wij wie wij zijn terugvinden. 'Going primitive is trying to "go home" to a place that feels comfortable and balanced, where full acceptance comes freely and easily. [...] Whatever form the primitive's hominess takes, its strangeness salves our estrangement from ourselves and our culture' (ibid.: 185).

Wat naar haar idee tevens bepalend is voor de aanhoudende belangstelling voor het 'primitieve' is *transcedental homelessness*. De term is eerder genoemd door de filosoof Georg Lukács, die hiermee de toestand van de moderne geest heeft omschreven (ibid. 189-190). 'Secular but yearning for the sacred, ironic but yearning for the absolute, individualistic but yearning for the wholeness of community, asking questions but receiving no answers, fragmented but yearning for 'immanent totality" (ibid.: 188). Deze vervreemding van het Zelf, van de samenleving en van de innerlijke totaliteit, '[...] produces primitivism in its most acute modern forms, with its various desires to go home to something simpler, more comfortable, less urban and chafing and crowded (ibid.: 192).

Een ander belangrijk element van het *primitivist discourse* is de temporele illusie, waarbij 'primitieve' samenlevingen terug in de tijd worden geplaatst en de eerste fase van onze ontwikkeling zouden weerspiegelen. Zij zouden tot ons verleden behoren; tot dat wat het westen ooit zou zijn geweest. 'The belief that primitive societies reveal origins or natural order depends on an ethnocentric sense of existing primitive societies as outside of linear time, and on a corresponding assumption that primitive societies exist in an eternal present which mirrors the past of western civilisation' (Torgovnick 1990: 46).

Fabian heeft een invloedrijke studie naar deze thematiek verricht, die hij heeft beschreven in zijn boek *Time and the Other* (Fabian 1983). Hij belicht hierin de politiek-economische dimensie in het denken over de 'primitieve Ander' en koppelt dit aan het specifieke gebruik van tijd. 'Time, much like language and money, is a carrier of significance, a form through which we define the content of relations between the Self and the Other. [...] There is no knowledge of the Other which is not also a temporal, historical, a political act' (Fabian 1983: ix, 1).

Hij richt zich in zijn analyse op hoe de antropologie gaandeweg zijn object van studie heeft geformuleerd en hoe er daarmee een bijdrage is geleverd aan de definitie van de 'primitieve Ander' als zijnde verschillend in tijd en plaats.

> [...] the Other, as object of knowledge, must be separate, distinct, and preferably distant from the knower. Exotic otherness may be not so much the result as the prerequisite of anthropological inquiry. We do not find the savagery of the savage, or the primitivity of the primitive, we posit them, and we have seen [...] how anthropology has managed to maintain distance, mostly by manipulating temporal coexistence through the denial of coevalness (ibid.: 121).

Gezien de dominantie van deze ontkenning van gelijktijdigheid, is er sprake van wat Fabian een *allochronic discourse* noemt. 'Anthropology emerged and established itself as an allochronic discourse; it is a science of other men in another Time. [...] [But] anthropology's Other is, ultimately, other people who are our contemporaries' (ibid.: 143).

Hij verbindt het ontstaan van dit *allochronic discourse* aan de verandering van het westerse tijdsconcept. Het Verlichtingsdenken creëerde namelijk een breuk met de middeleeuwse christelijke opvatting van tijd. Niet langer bepaalde Gods interventie de geschiedenis, maar het geloof in rede en vooruitgang. Dit is wat hij noemt de overgang van een *sacred*- naar een *secular* tijdsconcept (ibid.: 2-11, 26). 'That break was from a conception of time/space in terms of a history of salvation to one that ultimately resulted in the secularization of Time as natural history' (ibid.: 26). Naast deze verandering in de kwaliteit van tijd (van *sacred* naar *secular*), veranderde ook de tijdsrelaties. Zo werd er een nieuwe betekenis aan het reizen naar andere continenten gegeven. Eerst was dit een spirituele ervaring, maar tijdens de achttiende eeuw werd het een manier om seculiere kennis te vergaren. Men was niet langer op zoek naar God, maar naar kennis over de ontstaansgeschiedenis van de mens (ibid.: 6-7). De losmaking van het *sacred* tijdsconcept betekende dus dat men zich niet langer beweegt in een tijd die door iedereen wordt gedeeld (een tijd die inclusief is, waarin een ieder hoopt op verlossing, een tijd die in het Hier en Nu speelt), maar dat men zich vooruit en terug in de tijd beweegt, met het heden als uitgangspunt voor relatieve afstand (een tijd die exclusief en expansief is, die speelt in het Daar en Toen en die gelijktijdigheid ontkent). Het gevolg hiervan was dat samenlevingen vervolgens werden bekeken in termen van hoever zij af staan van het heden en het afreizen naar verre oorden, betekende dat men als het ware terugreisde in de tijd (ibid.: 26, 146-147).

De breuk van het *sacred*- naar het *secular* tijdsconcept was een bodem voor het nog steeds zo dominante evolutiedenken, dat het idee bevestigde dat verschil in tijd gelijk zou staan aan het verschil in plaats (ibid.: 15).

> [...] the temporal discourse of anthropology as it was formed decisively under the paradigm of evolutionism rested on a conception of Time that was not only secularized and naturalized but also thoroughly spatialized. Ever since, [...] anthropology's efforts to construct relations with its Other by means of temporal devices implied affirmation of difference as *distance* (ibid.: 16).

De evolutionistische opvatting van tijd bood een schema waarbij verschillende culturen en samenlevingen op een tijdshelling werden geplaatst, met als gevolg dat hen een eigen geschiedenis werd ontnomen.

[...] not only past cultures, but all living societies were irrevocably placed on a temporal slope, a stream of Time – some upstream, others downstream. Civilization, evolution, development, acculturation, modernization (and their cousins, industrialization, urbanization) are all terms whose conceptual content derives, in ways that can be specified, from evolutionary Time. [...] A discourse employing terms as primitive, savage (but also tribal, traditional, Third World, or whatever euphemism is current) does not think, or observe, or critically study the 'primitive'; it thinks, observes, studies *in terms* of the primitive. *Primitive* being essentially a temporal concept, is a category, not an object, of Western thought (ibid.: 17-18).

Hoewel de uitgangspunten van het evolutionisme later werden verworpen, bleef het tijdsconcept overeind. Fabian's theorie is gericht op de antropologie, maar het is zeer duidelijk ook breder van toepassing, aangezien ook in *Groeten uit de Rimboe* de ontkenning van gelijktijdigheid voortduurt. Een van de voorbeelden hiervan is een scène in *Groeten uit de Rimboe* waarin Hans Sr. over de Ovahimba zegt: 'Ze hebben geen schaamte en normen en waarden zoals wij. [...] We moeten zover terug in de tijd, in de oertijd. Ik denk dat we het heel zwaar gaan krijgen.'

Fabian toont aan dat dit tijdsconcept onlosmakelijk is verbonden met de politieke economie van dominantie en exploitatie. Het fungeert als een vervreemdingstechniek, want het houdt de 'vreemde Ander' op een veilige afstand. Het terugplaatsen van deze samenlevingen in tijd en plaats was zijns inziens noodzakelijk voor het uitvoeren van de vooruitgangsagenda (ibid.: 97).

Talk of "geopolitics" and the predominance of *spatial* images such as Western "expansion" cloud the fact that our exploitative relations also had *temporal* aspects. Resources have been transported from the past of their "backward" locations to the present of an industrial, capitalist economy. [...] When modern anthropology began to construct its Other in terms of topoi implying distance, difference, and opposition, its intent was above all, but at least also, to construct ordered Space and Time – a cosmos – for western society to inhabit, rather than "understanding other cultures," its ostensible vocation (ibid.: 95, 111-112).

Er zou volgens Fabian moeten worden toegewerkt naar een benadering waarin de gelijktijdigheid van verschillende samenleving wordt erkend, want:

> [...] coevalness aims at recognizing cotemporality as the condition for truly dialectical confrontation between persons as well as societies. It militates against false conceptions of dialectics – all those watered-down binary abstractions which are passed off as oppositions: left vs. right, past vs. present, primitive vs. modern. Tradition and modernity are not "opposed" (except semiotically), nor are they in "conflict". All this is (bad) metaphorical talk. What are opposed in conflict, in fact, locked in antagonistic struggle, are not the same societies at different stages of development, but different societies facing each other at the same Time (Fabian 1983: 154-155).

Fabian stelt in zijn analyse van de ontkenning van gelijktijdigheid de politiek-economische dimensie centraal, maar Torgovnick wijst op het feit dat dit tijdsconcept daarnaast ook over een psychologische dimensie beschikt. Als we 'primitieve' samenlevingen namelijk zouden beschouwen als samenlevingen met een eigen geschiedenis en ontwikkeling, dan zouden we hen niet langer kunnen conceptualiseren als onze voorgangers, als de bron van waaruit onze geschiedenis ooit begon. Er zou dan geen plek meer zijn om onze oorsprong te achterhalen en om naar toe terug te keren (Torgovnick 1990: 187).

In dezelfde lijn ligt het argument van Torgovnick dat het *primitivist discourse* voornamelijk wordt gezien als een retoriek van controle en dominantie over dat wat we het niet-westen noemen en over diegenen die tot de laagste categorie mensen zouden behoren. Maar naast deze retoriek van controle over anderen, bestaat er volgens haar ook een retoriek van verlangens, '[...] of sexual desires or fears, of class, or religious, or national, or racial anxieties, of confusion or outright self-loathing' (ibid.: 192). Het *primitivist discourse* is dus zowel naar buiten, als wel naar binnen toe gericht; waarbij het gaat om het verzachten van verborgen 'wonden' en het maskeren van de angst om controle en macht te verliezen (ibid.).

Torgovnick toont aan dat westerse versies van het 'primitieve' over een lange periode opvallend gelijk zijn gebleven, maar dat de emotionele waarde en de mate en de richting ervan variëren. 'When versions of the primitive show specific historical and cultural variations, they expose different aspects of the West itself. Primitivism is thus not a 'subtopic' of modernism or postmodernism: to study primitivism's manifold presence is to recontextualize modernity' (ibid.: 193).

Bij elke versie van de 'primitieve' mens komt de westerse fascinatie voor het 'primitieve' voort uit vragen rondom de eigen identiteit. Het is een dialectiek van het Zelf en 'de Ander', waarbij het telkens gaat om identificatie en onderscheid (ibid.: 157-158).

The creation of specific versions of the primitive often depends on and is conditioned by a sense of disgust or frustration with Western values. The primitive becomes a convenient locale for the exploration of Western dullness or degeneracy, and of ways to transcend it, and thus functions as a symbolic entity (ibid.: 153).

De realitysoap *Groeten uit de Rimboe* maakt zichtbaar hoe levendig, verleidelijk en invloedrijk de ideologie van afschuw en fascinatie van dit *primitivist discourse* nog steeds is en daarmee is het programma tegen de achtergrond van dit discours te plaatsen. De Ovahimba vormen een tegenwicht voor onze eigen kwesties en zijn dus in feite niet meer dan metafoor. Via de vreemde 'primitieve stammen', kunnen we onze westerse waarden en vanzelfsprekendheden bevestigen en onszelf terugvinden via het contrast en de verheerlijking van deze mensen. In de verbeelding zijn ze wat wij willen dat ze zijn, waardoor de programmamakers de aloude mythen rondom de 'primitieve' mens reproduceren. Ze lijken in de programma's verschillende culturen met elkaar in contact te brengen, maar bekrachtigen door de manier waarop ze dit doen, in feite de veronderstelde afstand.

Toch legt Torgovnick mijns inziens te veel nadruk op dat de 'primitieve' mens louter in dienst zou staan van onze verbeelding en identiteitsvraagstukken. De stem van de 'primitieve' mens zelf blijft stil, maar zal in dit boek in het hoofdstuk *Groeten van de Ovahimba* wel klinken. Wat Torgovnick daardoor onderbelicht laat, is dat in dit geval de Ovahimba om bepaalde redenen wellicht zelf meedoen aan de bestendiging van het beeld dat centraal staat in het *primitivist discourse*. Wat Torgovnick tevens onbesproken laat, is dat het proces van identificatie mogelijk ook de andere kant op werkt. Bovendien stelt ze niet de vraag of er binnen Afrika zelf wellicht ook versies van het 'primitieve' worden opgevoerd, die zijn onder te brengen in het *primitivist discourse*. Dit zal aan bod komen in het volgende hoofdstuk, maar niet voordat ik eerst vanuit een historisch oogpunt zal belichten hoe de Ovahimba de afgelopen eeuwen zijn omschreven en visueel zijn weergegeven.

Kaokoland en de Ovahimba door de eeuwen heen: Van Portugese landkaarten tot realitysoap

> To make the Other into an object is to distance oneself, and to allow fantasy to operate (Bruner & Kirshenblatt-Gimblett 2002: 455)

De manier waarop 'primitieve stammen' in *Groeten uit de Rimboe* en *Groeten Terug* worden gerepresenteerd, staat dus in een lange traditie van beeldvorming over Afrika en haar bewoners. Ik richt mij nu vanuit een historisch perspectief op de beeldvorming van specifiek Kaokoland en de Ovahimba. Hierbij komt niet de gehele geschiedenis aan bod, maar slechts enkele punten welke van belang zijn met betrekking tot de beeldvorming van Kaokoland en de Ovahimba. Dat bepaalde thematiek in de visuele representaties van de Ovahimba tot op de dag van vandaag voortduurt, illustreer ik aan de hand van visueel materiaal dat ik tijdens mijn veldwerk in Namibië heb verzameld. Dit werpt tegelijkertijd licht op hoe de Ovahimba binnen Namibië naar buitenstaanders toe worden gerepresenteerd.

Een veel voorkomende omschrijving van de Ovahimba is dat zij net als de Herero tot een groep van zuidwestse Bantoe-sprekende (agro)pastoralisten behoren. Het noorden en het westen van Kaokoland wordt voornamelijk bewoond door Ovahimba-pastoralisten en het zuiden van Kaokoland door semi-nomadische Herero (Bollig & Gewald 2000: 271-272).[7] Het is echter problematisch om te spreken over dé Ovahimba. Met aangrenzende groepen zoals de Herero, de Hakaona, de Zemba, de Kuvale en de Ngambwe zijn de etnische verschillen relatief, dynamisch en bovendien gevormd door een eeuw van koloniale overheersing. In reisgidsen worden de Ovahimba vaak omschreven als herdersnomaden, levend van de producten van hun kudde en ruilhandel. Deze vaak geromantiseerde zelfvoorzieningseconomie is echter een consequentie van de aanpassing op het dorre landschap, alsmede het gevolg van tachtig jaar koloniale inkapseling (Bollig & Heinemann 2002: 269).

De Portugezen hebben als eerste, in de zeventiende eeuw, Kaokoland in kaart gebracht en de Ovahimba beschreven. 'Images of miraculous landscapes, of proud and daring herders, of fabulously huge cattle herds and other riches were developed already in the seventeenth century' (ibid.: 271). Rond 1850 werden deze Portugese verslagen aangevuld door missionarissen, handelaren en bestuurders die naar Kaokoland kwamen. Het waren de eerste etnografen, veelal missionarissen, die in deze periode de lokale bevolking uitgebreid omschreven en daarmee een specifiek beeld ontwikkelden. Deze beschrijvingen werden gekenmerkt door raciale stereotypen. In vergelijking tot andere stammen, zoals de Damara die werden omschreven als '[...] jet black, stocky built breed', werden de bewoners van Kaokoland omschreven als '[...] tribes full of intelligence, brave and used to weapons, superb marksmen, cleanly and free off all vices, sons of mountains' (ibid.: 273). De Duitse missionaris Josaphat Hahn die als eerste met de Herero's werkte (zie zijn foto's fig. 1 t/m 5), '[...] invented the Herero as a racial category and described them as a "beautiful negro people". [...] The Herero are usually tall, have well developed body forms, chocolate brown skin colour, black curly hair and an imposing predilection: a true master race' (ibid.). Dit positieve racisme komt in de huidige visuele representaties van de Ovahimba nog steeds naar voren (ibid.).

Na 1917 veranderde de populatie in Kaokoland door de komst van een grote groep vermogende, bewapende en politiek georganiseerde

---

[7] Volgens een telling in 1990 wonen er 26.176 mensen in Kaokoland (Bollig & Gewald 2000: 271).

pastoralisten die uit het zuiden van Angola naar Namibië kwamen. Zij verschilden van de eerdere pastoralisten onder het Duitse bewind die vooral op zoek waren naar voedsel. Een andere verandering was dat het beleid van het nieuwe Zuid-Afrikaanse koloniale regime verschilde van het Duitse beleid. Laatstgenoemde richtte zich op de exploitatie van hulpbronnen van Kaokoland,[8] maar de Zuid-Afrikanen wilden het noordwesten volledig inkapselen. Zij gingen striktere controle uitoefenen en in 1923 werd het noorden van Kaokoland in drie tribale reservaten ingedeeld. In 1928 werd Kaokoland samen met Etosha tot wildreservaat gemaakt (ibid.: 278-279).[9] Deze twee veranderingen hadden tot gevolg dat koloniale bestuurders, wetenschappers en reizigers een romantisch beeld creëerden van Kaokoland en haar bewoners. 'Ethnic identities and political leadership of local communities as well as the recreational opportunities of witnessing an "untouched" nature became of major interest' (ibid.: 280). De Zuid-Afrikaanse overheid representeerde het leven binnen het reservaat als harmonieus en gebaseerd op culturele continuïteit. De pastoralisten werden zo traditioneel mogelijk verbeeld, aangezien ze het veronderstelde 'authen-

---

[8] Rond 1890 had het zich uitbreidende Duitse rijk behoefte aan meer naturalistische beschrijvingen van het land. Zo werden kaarten ontwikkeld waar bruikbare hulpbronnen, zoals koper en ijzer opstonden, maar ook informatie over water, bergen en zandduinen om snel en veilig door het gebied te kunnen trekken. Het gebied werd op deze manier door het *Kaoko Land und Minengesellschaft* (KLMG), dat Kaokoland tussen 1896 en 1920 formeel beheerde, in kaart gebracht. Zij veranderden Kaokoland in een koloniaal landschap met topografische kenmerken die namen droegen van Europese onderzoekers (Bollig & Heinemann 2002: 271-278). 'Here the ground (or map) is laid out for the later presentations "of native life on (or beyond) the last frontier" (ibid.: 278). Het gebied is tot op de dag van vandaag niet afgekomen van dit *frontier image* (ibid.: 304).

[9] In het midden van de jaren '60 experimenteerde de Zuid-Afrikaanse overheid wederom met een nieuwe politieke constitutie van Kaokoland; het moest net als andere reservaten een onafhankelijk thuisland worden. Dit werd door de pastoralisten niet met enthousiasme ontvangen en deze plannen kwamen tot een abrupt einde toen Kaokoland tijdens de Namibische strijd voor onafhankelijkheid een oorlogszone werd. In de late jaren '70 was hierdoor de South African Defence Force (SADF) in Kaokoland gestationeerd. Door een catastrofale droogte in het begin van de jaren '80 waardoor negentig procent van al het vee stierf, boden veel Ovahimba-mannen zich aan bij het leger van de SADF. Toen Namibië in 1989 onafhankelijk werd, veranderde de situatie in het gebied wederom: voor een korte periode waren er troepen van de Verenigde Naties in Kaokoland gestationeerd om Zuid-Afrikaanse troepen te vervangen. Nadat ook zij het gebied verlieten, werd de regio gedemilitariseerd. In 1992 werd Kaokoland door middel van een administratieve reorganisatie opgenomen in een grotere eenheid. Samen met delen van Ovamboland, Damaraland en gebieden van de commerciële boerderijen kreeg het de naam *Kunene region* (Bollig & Heinemann 2002: 294).

tieke' tribale leven dienden te vertegenwoordigen. De hedendaagse fotografie probeert nog steeds bewijzen te leveren voor dergelijke assumpties van culturele 'authenticiteit'. Tegelijkertijd omschreven de Zuid-Afrikanen de lokale pastoralisten van het mandaatgebied als 'achtergesteld', 'tribaal', 'onhandelbaar', 'wild' en 'ongecontroleerd' om op deze wijze hun macht en de door hun gestichte reservaten naar de buitenwereld toe te kunnen legitimeren (ibid.: 280-283).

Ook de romantisering van het landschap van Kaokoland – een thema dat tot op de dag van vandaag voortduurt – is al eerder in gang gezet (zie fig. 5). Rond de jaren 1920-1930 ondernam een kleine elite van het Duitse koloniale bestuur safari's in Kaokoland en zij verbeeldden het gebied daarbij als een wijds landschap en een archaïsche tijdloze ruimte met wilde dieren, bewoond door 'traditionele' pastoralisten. De rauwheid van het landschap zou tegelijkertijd de 'primitieve' staat van de populatie weerspiegelen. Wat tevens heeft bijgedragen aan het geromantiseerde beeld van Kaokoland zijn de foto's van groot wild, het landschap en de bewoners, die door wildliefhebbers werden gemaakt. Ook de eerste privé-reizigers die Kaokoland introkken, focusten op de natuurlijke schoonheid van het gebied en de culturele continuïteit (ibid.: 290-294).

Sinds 1920 stelden de eerste etnografen in hun beschrijvingen de pastorale 'superioriteit' van de Ovahimba ten opzichte van andere groepen centraal. Tevens omschreven zij de inwoners van Kaokoland als traditionele, geïsoleerde, vredelievende, trotse en zelfverzekerde pastoralisten, hetgeen immer terug blijft komen in de verbeelding van de Ovahimba. De antropologen die rond 1960-1970 studies in Kaokoland verrichtten, benadrukten net als hun voorgangers de verschillen in ras en relateerden dit aan culturele authenticiteit. Fotografie werd hierbij ingezet als het wetenschappelijke bewijs van de raciale verschillen (ibid.: 283-290). De Ovahimba werden door hen omschreven als de 'overblijfselen' van de prekoloniale Herero-cultuur. De Ovahimba zouden in culturele en raciale zin een 'puur' type representeren, onaangetast door de Europese beschaving. De Herero zouden hun 'puurheid' daarentegen hebben verloren doordat zij hiermee wel in aanraking waren gekomen (ibid.: 285-287). Een beschrijving uit deze periode luidt: 'Those who have come to know the spoilt Herero of the farm zone, will find it pleasant and consoling to meet the self confident and proud but yet well behaved Ovahimba... Shall this last ancient part of the Herero people be secured from contact with the white man?' (ibid.: 285). Deze angst voor verdwijning en het pleiten voor het behoud van een schijnbaar 'pure' culturele vorm, zijn tot op de dag van vandaag centrale onderdelen binnen de beeldvorming van de Ovahimba. Ook fysieke kenmerken die aan het begin van de twintigste eeuw aan de pastoralisten werden toegekend, worden nog steeds (her)gebruikt voor de omschrijving van het uiterlijk van de Ovahimba. Deze uiterlijke kenmerken zouden bovendien de historische verandering van de Herero naar de Ovahimba als 'pure' pastoralisten tonen (ibid.: 273).

De culturele authenticiteit die centraal stond in de etnografische representaties werd onder andere benadrukt door de pastoralisten weer te geven in cultuurspecifieke situaties. Het portretteren van gedrag dat 'typisch' zou zijn voor de culturele groep, komt ook nu nog veel voor (ibid.: 288). De bewoners werden in de etnografische representaties voornamelijk geportretteerd als individuen of kleine groepen en geen van de personen werd met naam omschreven; ze werden slechts gefotografeerd als vertegenwoordigers van raciale en etnische typen (zie fig. 6 en 7). Wat verder werd benadrukt in de representaties was dat de Ovahimba een welgevormd tribaal bestaan zouden hebben, sterk gebonden aan traditie en afkerig van verandering. Conflicten en ontwikkelingen werden dus ongeveer vijftig jaar geleden al uit beeld gebannen. Ook werden er destijds al diverse foto's genomen van allerlei details van de materiële cultuur, zoals de uitzonderlijke haardracht en kostuums (ibid.: 290) (zie fig. 8 t/m 10) en ook dit thema blijft terugkomen in de hedendaagse representaties.

Journalisten, filmmakers, onderzoekers en personen werkzaam in het toerisme, produceerden rond 1990 diverse beelden van de Ovahimba, maar lieten andere inwoners van Kaokoland, zoals de Herero en de Trimba die in eerdere representaties nog wel voorkwamen, links liggen. Het aantal afbeeldingen steeg ook door de toename van het aantal toeristen in Kaokoland (ibid.: 295). Dit heeft tot gevolg gehad dat de Ovahimba gaandeweg tot dé inheemse groep van Namibië zijn gemaakt. 'The process of indigenization – of making a social group an indigenous people within the global discourse – is marked by a flood of visual presentations and accompanied by the commodification of Himba photography' (ibid.). Interessant om hierbij te vermelden is dat de fotogenieke San (gepopulariseerde naam: 'bosjesmannen') tot ongeveer 1990 werden aangedragen als de 'Nobele Wilden' van zuidelijk Afrika. Binnen de Namibische toeristensector wordt dan ook nog steeds geadverteerd met de San als de vertegenwoordigers van het 'oude' en 'onveranderde' Afrika, maar, '[...] following the independence of Namibia and the improved accessibility of Kaokoland on account of the roads built during the bush war, the Himba became the new shining examples of southern Africa's primordial primitive [...] in touch with nature: the noble savage' (Bollig & Gewald 2000: 4). Dit dominante discours portretteert de Ovahimba als:

> [...] the survival of an ancient pastoral tradition: proud, peaceful, and aesthetic, and as one of the most primitive tribes left in the world. [...] A female sphere consisting of domestic activities and bodily beauty is juxtaposed with the male world connected to livestock husbandry. Timelessness, remoteness, and cultural continuity in an isolated area are leading themes of all touristic and amateur scientific accounts on Kaokoland in this period (Bollig & Heinemann 2002: 295-296).

Jonge Ovahimba-vrouwen domineren de huidige visuele representaties van Kaokoland en haar bewoners. Zij lijken Kaokoland te symboliseren en zijn gaandeweg tot de dragers van de Ovahimba-cultuur gemaakt (zie ook Corbey 1989: 23-46). Hun schoonheid werd echter al in eerdere representaties benadrukt (zie fig. 8 t/m 10 en 12). De fysieke kenmerken van de Ovahimba-vrouwen worden in vergelijking met die van bijvoorbeeld de San en de Damara's, bewonderd. Dit heeft de basis gelegd voor deze lichaamscultus, waarbij vooral jonge Ovahimba-vrouwen in beeld worden gebracht met daarbij de focus op haardracht, juwelen, okerkleurige huid, benen en borsten. Deze beelden variëren van 'romantic eroticism' tot 'primitive pornography' (ibid.: 298, 304) en hebben een tweeledige boodschap. 'They convey primeval, natural beauty and sexual appeal at once' (ibid.: 298). Dat esthetisering kan overgaan in erotisering blijkt uit het feit dat er sinds een paar jaar geruchten bestaan over een Italiaanse website die seksuele diensten van Ovahimba-vrouwen aan toeristen zou aanbieden (ibid.: 304). Ook ik heb vernomen dat er verhalen rondgaan over toeristen die hun gids vragen om in ruil voor geld een bezoek met een Omuhimba-vrouw te regelen. Daarnaast heb ik een krantenbericht gevonden in de *Allgemeine Zeitung* van Namibië waarin een woordvoerder van de *Namibian Film Commission* spreekt over een Amerikaanse filmploeg die voor opnames van een documentaire over hekserij een week in Kaokoland verbleven, maar in werkelijkheid een softpornografische film opnamen (Schreiber 2005: 1).

De samenhang tussen schoonheid en seksualiteit die op het lichaam van de Ovahimba-vrouwen wordt geprojecteerd, kan worden gezien als een visuele mythe. Het zijn westerse projecties van geïdealiseerde symbolen van culturele continuïteit en natuurlijke schoonheid. Vulgariserende stereotypen – ze wassen zich niet, ze smeren zich in met *otjize*, ze eren hun gasten met seks, ze zijn een van de meest mysterieuze vrouwen van Afrika – dragen bij aan deze mythe (ibid.). Wat ook bijdraagt aan deze lichaamscultus is het hardnekkige idee dat Ovahimba-vrouwen hoewel ze getrouwd zijn, vrij zouden zijn om seksuele relaties aan te gaan met andere mannen (ibid.: 299). Dit beeld is mijns inziens echter tevens een projectie van het idee van de 'wilde' en 'vrije' Afrikaanse vrouw, dat contrasteert met de 'beschaafde' en 'gecontroleerde' westerse vrouw. Dat Ovahimba-vrouwen de verbeelding van Kaokoland domineren, kan ook worden gezien als een samensmelting tussen land, en vrouwen als objecten van toeëigening en controle (Rizzo 2005: 690). De afbeeldingen kunnen in dit geval gezien worden als visuele overheersing.

Al met al blijkt dat de verschillende visuele representaties van Afrikaanse pastoralisten, waaronder de Ovahimba, in feite vanaf de negentiende eeuw tot nu hetzelfde verhaal vertellen. Dit geldt ook voor *Groeten uit de Rimboe,* waarin dit verhaal in een nieuwe jas van een realitysoap is gestoken. Dit verhaal, met een retoriek van verlangen naar het 'ongebonden' leven van de rondtrekkende pastoralist, bekrachtigt het beeld van 'vrijheid' en maakt de aanwezigheid van het *primitivist discourse* duidelijk zichtbaar.

The basic Western narrative of the uncivilized Other is a reflexive image of how the Westerners view themselves, in that the definition of what the Other is specifies what the West is not. The other is in a more primitive stage of evolutionary development. But along with this narrative and its associated images there is also an admiration for the freedom of the pastoral life, with its promise of release from the demands of an unyielding modernity, unshackled from the pressures of time, untied from the dreary routines of civilised life, unburdened from the weight of material possessions. In this Western fantasy, pastoralism is liberating (Bruner 2002: 388).[10]

De programmamakers van SBS 6 borduren voort op deze aloude stereotypen, die gaandeweg vanzelfsprekend zijn gaan lijken. 'The proliferation and reverberation of similar images through diverse visual media is one way these images have come to seem "natural" and to develop such remarkable persistence' (Kratz & Gordon 2002: 251).

Afbeeldingen van de Ovahimba in Namibië

Om te bestuderen hoe de Ovahimba momenteel binnen Namibië visueel worden gerepresenteerd, ben ik in Windhoek op zoek gegaan naar diverse bronnen van beeldvorming. Ook in deze setting keren de hiervoor besproken thema's telkens terug. De Ovahimba, en dan voornamelijk de vrouwen, blijken inderdaad de verbeelding van de 'authentieke' bewoners van Namibië te domineren. Hoewel de Ovahimba slechts één procent van de gehele bevolking van Namibië uitmaken en één van de ongeveer dertien bevolkingsgroepen zijn, duiken hun afbeeldingen toch overal in verschillende vormen op, zoals in toeristische winkels, in musea en guesthouses. Ze domineren vooral in reisboeken, fotoboeken en toeristenbrochures. Ook op het grootste gedeelte van de ansichtkaarten die ik gedurende mijn onderzoek heb verzameld, prijken alleen de Ovahimba. Slechts een enkele keer ben ik een foto van de San of de Herero tegen gekomen.

Nagenoeg alle visuele representaties van de Ovahimba hebben een hoog esthetisch niveau en wat voortdurend wordt benadrukt is dat zij

---

[10] Kratz en Gordon (2002), Sobania (2002), Tomaselli (2002), Galaty (2002) en Kasfir (2002) bestudeerden tevens diverse populaire beelden van Afrikaanse pastoralisten en komen tot dezelfde conclusie.

trots zijn op hun sterke cultuur en dat ze de invloeden van moderniteit hebben weten te weerstaan, terwijl het gevaar van verdwijning van hun 'authentieke' leefwijze op de loer ligt. De ansichtkaartfotografie van de Ovahimba wordt ook duidelijk gedomineerd door de hiervoor omschreven lichaamscultus. Jonge Ovahimba-vrouwen worden individueel of in kleine groepjes gefotografeerd en kijken lachend, dromerig of mysterieus in de camera, waarbij de focus inderdaad op borsten, haardracht, juwelen en benen wordt gelegd (zie fig. 14, 15, 17, 19 t/m 22). Het blijven naamloze personen en onderschriften luiden: 'Ovahimba woman, Namibia' of 'A young Himba girl', waarmee ze dus niet meer dan een type lijken te vertegenwoordigen. In de afbeeldingen van de Ovahimba-kinderen ligt het esthetische niveau eveneens hoog en ook deze portretten blijven naamloos. De kinderen lijken de 'onschuld' evenals de 'puurheid' van hun 'primitieve stam' te vertegenwoordigen (zie fig. 16, 19, 20, 24). Ik heb slechts enkele foto's van Ovahimba-mannen gevonden: twee close-up portretten (zie fig. 27, 28) en een man afgebeeld staande voor zijn vee (zie fig. 29). In tegenstelling tot de vrouw die vaak in combinatie met kinderen het 'vredige' huiselijke leven representeert (zie fig. 11, 23, 25, 26), wordt de man vaak verbeeld als toegewijd aan zijn vee.

Al deze ansichtkaarten zijn bepalend voor de beeldvorming van de Ovahimba. Het interessante aan ansichtkaarten is de symbolische structuur en de metaforische werking van het beeld. 'They become symbolic structures, reifying culturally formed images as observed realities, rendering them "object" (Selwyn 1996: 200). De foto bezit een naïef realisme; het ontkent de invloed van creatie en interpretatie. De afbeelding geeft de kijker daardoor de mogelijkheid om het beeld voor waar aan te nemen. De betekenis van het beeld staat desondanks niet vast, maar is afhankelijk van het culturele discours van de kijker. Daarnaast authenticeert en representeert het bezitten van een ansichtkaart de ervaring van de eigenaar: ik was het, die daar was (ibid.). Verder suggereren de ansichtkaarten van de Ovahimba '[...] that a real encounter with these indigenous people is possible and obtainable with the tourist companies which advertise visits to Himba villages' (Bollig & Heinemann 2002: 301).

Hoewel stereotypen in de verbeelding van de Ovahimba onveranderd blijven, wil ik niet spreken over dé beeldvorming. Het is een proces dat nooit ten einde zal zijn. Binnen de beeldvorming omtrent de Ovahimba heb ik bovendien, zij het schaars, ook andere beelden gevonden. Bijvoorbeeld de foto's van de fotografen Tony Figueras (zie fig. 31) en Mike Chen (zie fig. 30), beide woonachtig in Namibië. Bij deze afbeeldingen sluiten traditie en moderniteit elkaar niet uit maar raken elkaar juist. De Ovahimba-vrouwen worden hier in plaats van geïsoleerd in hun kraal, in contact met moderniteit weergegeven. Ondanks het feit dat deze beelden minder stereotypisch zijn dan het grootste gedeelte van de beelden, bekrachtigt de confrontatie traditioneel-modern impliciet deze tegenstelling. Een ander opvallend beeld is fig. 32, met het onderschrift: 'Himba goes to Hollywood'. De beeldmaker lijkt zich hier bewust te zijn van het feit dat de Ovahimba een visueel product zijn geworden. Hij maakt een parodie van dit gegeven en houdt de kijker daardoor een spiegel voor.

Het meest duidelijke voorbeeld van de visuele commodificatie van de Ovahimba, zijn de foto's die SBS 6 op de dvd van *Groeten uit de Rimboe* heeft uitgebracht en de e-cards die zij beschikbaar stelden op de website. Helaas heeft Eyeworks geen toestemming gegeven om deze foto's te publiceren en dus zal ik ze hier beschrijven. Het zijn geposeerde studiofoto's, met een witte achtergrond, waarop de Ovahimba zwaaiend en lachend in de camera kijken. Gehuld in traditionele kledij en uitgedost met 'primitieve' attributen, zoals een speer en een stok, representeren zij hun 'Afrikaanse stam'. Ook hier blijven de Ovahimba naamloos en worden ze gedecontextualiseerd. Op de foto's die zijn gemaakt voor *Groeten Terug* worden ze in beeld gebracht met 'typisch' Nederlandse elementen zoals kaas, haring, een fiets en een molen. De Ovahimba zijn in deze afbeeldingen niet meer dan promotiemateriaal en objecten die te kijk worden gezet voor het vermaak van de kijker. SBS 6 bracht in het kader daarvan ook e-cards uit (kaarten die per internet kunnen worden verstuurd). Hierop worden de Ovahimba opnieuw afgebeeld met 'typisch' Nederlandse elementen, maar dit keer is er ook tekst aan toegevoegd. Zo zien we de 'chief' staand geposeerd, met een grote gele Hollandse kaas onder zijn arm en in zijn andere hand een speer, waarmee hij op drie opgestapelde kazen steunt. De tekst luidt: *Kaasfonduetje?* Op een andere e-card zien we Tjiwawa. Hij heeft een rode Feyenoordmuts op zijn hoofd, draagt schaatsen (Friese doorlopers) en staat achter een houten stoel waaraan hij zich vasthoudt, alsof hij op het ijs staat. De tekst is: *Koud hè?* Op een andere kaart zien we hoe Tjiwawa een bord vasthoudt waarop stukjes haring en augurken liggen waarin cocktailprikkers met Nederlandse vlaggetjes zijn gestoken. De tekst luidt: *Zin in een uitje?* Op weer een andere kaart staat een lachende Tjiwawa met een speer in zijn hand. Hij staat naast Muundjua die een wegwerpcamera vasthoudt en de tekst is hier: *Voel jij ook een klik?* Op deze kaarten worden de Ovahimba, gekleed in traditionele kledij en met ontblote bovenlijven, in contact gebracht met voor hen onbekende zaken, zoals kaasfondue, schaatsen en haring. Ze zijn niet meer dan karikaturen die, mede versterkt door de eraan toegevoegde tekst, de hilariteit van de cultuurclash benadrukken.

Het is duidelijk dat de Ovahimba al lange tijd door anderen, zoals toeristen, fotografen, onderzoekers en filmmakers, in beeld worden gebracht. In een poging de leefwereld van de Ovahimba nu eens te belichten vanuit hun eigen perspectief, heb ik Vatiraike, Kataeko en Muundjua gevraagd om met een wegwerpcamera foto's van hun leven te maken (zie bijlage 2). Deze foto's (zie het hoofdstuk *De Ovahimba áchter de camera*) blijken nauwelijks te corresponderen met de afbeeldingen die voortdurend door anderen van hen worden gemaakt. Hoewel de Ovahimba al decennia lang worden gefotografeerd, was het de eerste keer dat zij nu zelf een camera in handen kregen. Het is dus eenvoudig om te stellen dat het resultaat anders is. Wat in relatie tot beeldvorming echter interessant is aan deze foto's, is dat er meer context en alledaagsheid in wordt verbeeld dan in de andere afbeeldingen het geval is. Doordat hun foto's zo ongepolijst zijn, benadrukken ze de hoge mate van gepolijstheid en ensurcenering van de foto's die anderen van hen maken.

De stereotypische beelden van de Ovahimba lenen zich voor een commodificatie binnen een globale context.

> The Himba are perhaps an ideal population for romantic inscriptions at the turn of the twentieth to twenty-first century, in the sense that they seem to combine several virtues propagated by the global tourist industry and by advocates of political correctness. They are body-conscious and healthy, embody primeval aesthetics,

are family-oriented and yet individualistic; they live untrammelled sexual lives and know of no enviousness (Bollig & Heinemann 2002: 304).

De Ovahimba zijn dus gaandeweg een multifunctioneel product geworden, dat voor verschillende doeleinden, zoals toerisme, fotoboeken, ansichtkaarten, tijdschriften én realitysoaps, kan worden ingezet. De beelden worden gebruikt als symbolen voor een romantisch, mysterieus en exotisch Afrika en dienen binnen een geglobaliseerde communicatie industrie als een visueel tegenwicht voor de westerse moderniteit (ibid.: 304-305). Nu is het echter de vraag hoe er in zowel Nederland als in Namibië, inclusief door de Ovahimba zelf, over deze beelden en dan in het bijzonder het beeld dat SBS 6 van de Ovahimba geeft, wordt gedacht. Al deze verschillende opinies zullen daarom aan bod komen in het volgende hoofdstuk.

Betrokken partijen en opinies:
Van Nederland tot Kaokoland

Het is onmogelijk om een eenduidig beeld te schetsen van de opinies die er over de programma's en de Ovahimba bestaan. Wat echter opvalt, is dat bepaalde opvattingen in zowel Nederland als in Namibië voortdurend terugkeren. Zo is een veel voorkomende vraag of de Ovahimba worden geëxploiteerd of juist uit vrije wil aan de programma's hebben meegedaan. Dat deze vraag telkens opduikt, wijst op de aanwezigheid van een nieuwe thematiek in het vertoog over 'de Ander'. Ook heerst er in Europa en in Namibië dikwijls verontrusting over de achterhaalde wijze waarop de Ovahimba zouden worden weergegeven. Er keren tevens elementen uit het eerdere omschreven *primitivist discourse* in de verschillende opinies terug, met name als het gaat om de verheerlijking van het leven van de 'primitieve stammen'. Het zou worden gekenmerkt door eenvoud, vreedzaamheid en authenticiteit, hetgeen allemaal in het westen door het moderne, materialistische en stressvolle bestaan verloren lijkt te zijn gegaan. Afrika staat hierbij symbool voor een zekere 'oerkracht' en de bewoners worden gezien als de 'nobele wilden' die dichtbij de natuur leven en over meer levensgeluk zouden beschikken dan de moderne mens. Hieraan wordt het idee gekoppeld dat om de authentieke Ovahimba-cultuur te kunnen waarborgen, deze dient te worden beschermd tegen de verderfelijke invloed van moderniteit. Een ander terugkerend element, dat ook een onderdeel vormt van het *primitivist discourse*, is de dat de Ovahimba terug in de tijd worden geplaatst.

Diverse opinies zullen in dit hoofdstuk aan bod komen; van Nederland tot Kaokoland en alles dat daar tussen ligt. Argumenten uit het publieke debat in Nederland zullen in Namibië naklinken, maar er zullen ook nieuwe geluiden te horen zijn.

Nederland: de programmamakers en het publieke debat. Uitbuiting of vrije wil?

De bedenkers van *Groeten uit de Rimboe* Tom Cloeckaert, Leen DeWitte en de programmadirecteur Vincent ter Voert stonden niet open voor een gesprek over de programma's. De enige informatie die ik heb kunnen vinden, is afkomstig uit een artikel van Blonk die hen wel heeft gesproken.

Cloeckaert: 'Wij laten de stam geen dingen doen die ze normaal nooit doen en ook de reacties van de Vlaamse gezinnen zijn honderd procent echt. Maar het concept is natuurlijk juist dat het westerse gezin moet leven volgens de regels van de stam. Het is dus wel zo dat de stam gevraagd wordt de westerse familie te beschouwen als één van hen. Als het Vlaamse gezin iets doet wat niet kan voor de cultuur van de stam, dan mogen ze die berispen' (Blonk 2006: 4).

Ter Voert: 'We geven duidelijk aan dat de deelnemers aan het programma geïsoleerd leven, in contrast met hun omgeving. Wij veronderstellen dat de kijker ook een beeld heeft van de wereld buiten Nederland en weet dat niet iedereen woont en leeft als de Mentawai en de Himba. [...] Nee, er zijn geen vergoedingen afgegeven. Zowel de Himba als de Mentawai hebben als dank voor de samenwerking in beide projecten een bijdrage op lokaal niveau gekregen, zoals een waterput of een motorboot. Daarnaast hebben we de Mentawai geholpen om kinderen naar school te laten gaan' (ibid.: 3).

Cloeckaert: 'Naar lokale maatstaven werden die mensen heel goed vergoed. We willen niet dat ze enkel meedoen voor de beloning. Daarom spreken we bij de voorbereiding eerst alles door en komen we tot een overeenkomst alvorens over een vergoeding te praten. Bij de Himba's bijvoorbeeld hebben we tijdens de voorbereiding zelfs niet over een vergoeding gesproken. Die mensen werken dus mee omdat ze dat zelf graag willen en als ze er iets voor krijgen dan is dat voor hen leuk meegenomen. Ze worden echt niet omgekocht of uitgebuit' (ibid.: 6).

Wat door hen wordt benadrukt, is dat de reacties van de deelnemers echt zouden zijn, dat de 'stammen' de westerse families terecht mogen wijzen wanneer ze zich niet volgens hun regels gedragen en vooral: ze zijn niet omgekocht. De ervaringen van de Ovahimba die aan het programma hebben deelgenomen en die in het hoofdstuk *Groeten van de Ovahimba* aan bod zullen komen, geven echter een ander beeld.

Cloeckaert en Ter Voert lijken te anticiperen op het verwijt dat centraal stond in de publieke discussie in Nederland naar aanleiding van het programma. Hierin werd de aandacht voornamelijk gericht op de vraag of de Ovahimba al dan niet zouden worden geëxploiteerd. Dit komt onder andere naar voren in de opinie van Wegener. Hij is van mening dat het bezoek van de Ovahimba aan Nederland schadelijke gevolgen voor hen heeft gehad en hij vindt de cultuurschok die in *Groeten Terug* in beeld wordt gebracht daarom ethisch onverantwoord (Wegener 2006: 1). Naar zijn idee is *Groeten uit de Rimboe* voor de Nederlandse gezinnen een leerzame ervaring geweest, omdat ze zich door hun verblijf bij de Ovahimba kunnen realiseren wat de voordelen van de westerse samenleving zijn. Hij vindt *Groeten Terug* echter problematisch. De confrontatie van de Ovahimba met de westerse wereld heeft volgens hem namelijk grote impact op de Namibiërs. Het programma is volgens hem op een egoïstische gedachte gebaseerd. 'Het is natuurlijk onzin dat westerlingen een spiegel voorgehouden moet worden om eens kritischer te zijn ten aanzien van zichzelf of hun leefgewoonten. En ook al zou het nuttig en leerzaam zijn voor de Nederlanders, moeten anderen daarvoor dan worden gebruikt?' (ibid.) Wegener is van mening dat het programma louter is bedoeld om te shockeren en voor het bereiken van hoge kijkcijfers. Naar zijn idee kunnen de Nederlanders gemakkelijker dan de Ovahimba hun oude leven weer oppakken.

> Wat als de inheemse stammen het helemaal niet zien zitten om terug te gaan? Wat als zij beseffen hoe makkelijk het leven is met hulpmiddelen als een fiets, koelkast of een geweer om mee te jagen? Zijn dat zaken waar zij dan aan kunnen werken om te bereiken? Ik denk dat zij daar noch de kennis, noch de middelen voor hebben (ibid.).

Hij vreest daarom dat de Ovahimba naast een ervaring nu ook een frustratie rijker zijn en hij betwijfelt of ze nazorg hebben ontvangen. Hij vraagt zich af hoe de contacten zijn gelegd, of ze juridische ondersteuning hebben gekregen, of ze voldoende zijn beloond en '[...]

konden zij gezien de taalbarrière en kennisachterstand wel begrijpen wat de impact van hun toestemming zou zijn?' (ibid.). Naar zijn idee zou er dus misbruik zijn gemaakt van de onwetendheid van de Ovahimba.

De journalist en fotograaf Matthijs Blonk vraagt zich tevens af of de Ovahimba, los van het plezier waarmee ze mogelijk hebben meegewerkt, de effecten van hun deelname konden overzien. 'Wordt hier misbruik gemaakt van de naïviteit bij de inheemse deelnemers en staan ze toch niet een beetje voor gek?' (Blonk 2006: 3). Volgens hem is het doel van het programma het creëren van misverstanden en hij vraagt zich af hoe onschuldig dit initiëren van 'leuke' tv momenten is. Het programma wordt gezien als vertier, maar is naar zijn idee stigmatiserend in de zin dat het beeld van de Afrikaan als 'primitieveling' wordt bevestigd (Blonk 2006: 3). Ook gelooft hij niet dat de Ovahimba onaangetast zouden zijn door moderniteit, zoals SBS 6 suggereert. 'Zowel de Himba als de Mentawai komen veelvuldig in contact met toeristen en doen daar de nodige fotosessies mee om wat geld te verdienen' (Blonk 2006: 6). Naar zijn idee spelen de Ovahimba slechts een bijrol. Het gaat er vooral om dat de kijker kan lachen om de rare gewoonten van de 'stammen', waardoor de moderne levenswijze kan worden gerelativeerd. 'De kijker lacht niet om de Himba die bij aankomst op Schiphol struikelt op de roltrap, de kijker lacht om zichzelf, om de herkenning, want wie is er nog nooit gestruikeld over de roltrap?' (Blonk 2006: 2).

De antropoloog Mattijs van de Port heeft deze thematiek verder uitgewerkt en overstijgt de vraag of het programma al dan niet een vorm van exploitatie zou zijn door dieper in te gaan op het specifieke beeld dat het programma creëert. Hij heeft het programma omschreven als 'Het nieuwe zwartjes kijken' (Van de Port 2006) en hij schrijft het succes van Groeten Terug toe aan het feit dat mensen van een ander werelddeel worden gereduceerd tot 'primitievelingen'. 'De buitenlandse gasten zijn niet meer dan een kermisattractie' (ibid.: B01). De Ovahimba worden volgens hem alleen gerepresenteerd in hun 'beschavingstekort', in wat wij niet zijn, namelijk 'primitief'. Naar zijn idee is het onderscheid primitief-beschaafd dus klaarblijkelijk nog steeds de enige maatstaf waarmee we tot een oordeel over 'de Ander' kunnen komen. Het zorgt ervoor dat wij onze eigen mate van bescha-

ving en moderniteit veilig kunnen stellen en zodoende is het programma een '[...] opfriscursus in culturele eigenheid' (ibid.).

Eric Eljon, directeur van SBS Productions BV., verwijt Van de Port
naar aanleiding van zijn artikel, dat hij de inheemse stammen als
willoos voorwerp beschouwt. Volgens hem gaat Van de Port voorbij
aan het feit dat de Ovahimba het leuk vonden om bezoek te krijgen,
dat ze een band met hun bezoekers hebben opgebouwd, dat ze met
plezier een tegenbezoek wilden brengen en hier uit vrije wil voor hebben gekozen (Eljon 2006: 12). Van de Port heeft het echter over de
macht van mediabeelden en waar deze beelden op zijn gebaseerd en
niet over de vraag of de Ovahimba het al dan niet leuk vonden om
bezoek te krijgen of naar Nederland af te reizen. Volgens Eljon is de
kracht van SBS 6 dat deze omroep laat zien wat er daadwerkelijk in de
samenleving leeft en geen programma's maakt vanuit een elitair supe-
rioriteitsgevoel. 'Als *Groeten Terug* voor de kijkers een aanzet vormt om
na te denken over onze verhouding met mensen uit andere culturen,
heeft SBS 6 zijn maatschappelijke functie ruimschoots bewezen'
(ibid.). Dat het beeld volgens een specifieke opvatting is geconstrueerd en culturele verschillen versterkt en tot een spektakel maakt, lijkt
de door hem veronderstelde maatschappelijke functie van het programma dus niet in de weg te zitten.

De antropoloog Wim Boevink weigert mee te gaan in het beeld dat
het programma representeert. Hij voelt zich zelfs belazerd, aangezien
SBS 6 hem wil doen geloven dat de Ovahimba voor het eerst in contact zouden komen met de westerse beschaving (Boevink 2006: 14).

Je kunt namelijk via Internet compleet georganiseerde reizen naar
hun gebied boeken, ze sturen hun kinderen gewoon naar school,
ze doen boodschappen in supermarkten, laten zich voor geld door
toeristen fotograferen en lijden ook aan die contacten: er heerst
alcoholisme, aids en armoede. Bij SBS 6 hoor je daar natuurlijk
niets over (ibid.).

De Ovahimba leven dan wel eenvoudig, maar ze zijn volgens Boevink
niet achterlijk. Hij wil dan ook weten wat SBS 6 ze heeft betaald voor
hun medewerking en of de Ovahimba contracten hebben ondertekend. Ook is hij benieuwd naar de contracten van de familie Massing,

die zich volgens hem van de domme moest houden (ibid.: 15). In tegenstelling tot Boevink gaan diverse kijkers van het programma die op de blog *televisiefreaks* een reactie hebben geplaatst, mee in het beeld dat SBS 6 vervaardigt. Het programma wordt zelfs antropologisch verantwoord genoemd en het zou tevens een leerzame ervaring zijn geweest voor de westerse families. Sanne en Annemiek: 'Op het laatst kwamen de ontmoetingen met de inheemse stammen, dat was komisch om te zien! Stelletje indiaantjes waar ze bij moeten verblijven' (http://televisiefreaks.web-log.nl). Sander: 'Heerlijk ontspannen gekeken naar dit hoogstandje van televisie maken. [...] Antropologisch verantwoord. Zo zie je maar. Niet alles is zo goed als hier in het westen. Wat voor ons heel gewoon is en de normaalste zaak van de wereld, blijkt voor deze gasten iets heel vreemds te zijn' (ibid.).

Andere kijkers lijken last te hebben van een plaatsvervangende schaamte over hun 'respectloze' landgenoten. Octagon: 'Ik vind het niets dat ze een stelletje onnozele westerlingen die de wereld niets speciaals te melden hebben, dumpen bij stammen waarvan de cultuur nog bewaard is gebleven uit tijden dat wij allemaal nog jaagden op hertjes en zwijntjes. [...] Jammer dat de cultuur kapotgaat door de westerlingen' (ibid.).

Hans Hiero: 'Je ziet zelden van die verwende westerlingen. [...] Die mensen daar delen hun eten, woning en cultuur met de westerlingen. En het enige wat sommigen van die westerlingen doen is vitten, boos worden en de verwende krengen uithangen. [...] Het is een primitieve, prachtige behouden cultuur met gebruiken en handelingen die we hier (ver-)vreemd zijn. [...] Leer wat van deze mensen' (ibid.).

Elementen van het *primitivist discourse* worden hier duidelijk zichtbaar. De 'stammen' worden verheerlijkt; ze zouden 'gastvrij' en 'puur' zijn en hun 'prachtige' cultuur hebben weten te behouden, ondanks de verderfelijke invloed van het westen. Ze zouden nog over waarden beschikken, waarvan wij vervreemd zijn geraakt en we zouden dus zodanig nog iets van hen kunnen leren. De 'stammen' zouden nog in het 'primitieve tijdperk' leven en onze oorsprong weerspiegelen; een duidelijk signaal van de continuering van de eerder omschreven ontkenning van gelijktijdigheid, waarmee voorbij wordt gegaan aan de geschiedenis en actuele ontwikkelingen van de 'stammen' zelf.

Wat in het algemeen in relatie tot de Ovahimba telkens centraal wordt gesteld in de publieke discussie in Nederland, is dat zij door de programmamakers zouden zijn geëxploiteerd of juist uit vrije wil zouden hebben meegedaan. Door de Ovahimba af te schilderen als onwetend en naïef wordt hun rationaliteit echter onderbelicht. Wat hoe dan ook steevast ontbreekt is het perspectief van de Ovahimba zelf. Een zeker paternalisme dat naar voren komt in de zorg die er bestaat over of de Ovahimba zijn uitgebuit, of dat ze beschermd dienen te worden tegen de vernietigende kracht van het 'moderne' westen, gaat bovendien voorbij aan huidige lokale ontwikkelingen. In relatie tot het beeld dat het programma van de Ovahimba geeft, lijkt men zich vooral zorgen te maken over dat het ten onrechte het stereotype beeld van een 'primitieve stam' bevestigt en dat het beeld dus in feite meer over onszelf gaat dan over de Ovahimba. Wanneer deze kwesties vanuit het perspectief van de Ovahimba worden bekeken, zal blijken dat het onderscheid exploitatie-vrije wil genuanceerder ligt en dat er op lokaal niveau andere kwesties dan beeldvorming een rol spelen.

Op de koffie bij de familie Massing

Het eens zo vlakke televisiebeeld krijgt wederom diepte als de voordeur in Nootdorp openzwaait. Ineens sta ik weer midden in het decor van het programma, dit keer om te praten over hoe de Massings hun deelname hebben beleefd. Ze vertellen dat ze toevallig bij het programma zijn terechtgekomen. Monique had zich aanvankelijk opgegeven voor een schoonheidswedstrijd, maar ontving vervolgens een bericht of zij met de familie wilde deelnemen aan een 'primitieve vakantie'. Ze besloten om mee te doen, maar ze hadden van tevoren geen idee over de bestemming of over de duur van de vakantie. Monique: 'We dachten dat we voor ongeveer een week weg zouden zijn. We kwamen er ter plekke achter dat het voor drie weken was... dat was niet van tevoren gezegd. Dat vonden we heel erg.' Eenmaal in Namibië mochten ze niet op eigen initiatief de kraal van de Ovahimba verlaten. Ze mochten niet bij de filmploeg in de buurt komen, omdat ze zich dan teveel aan hen zouden hechten. De filmcrew was alleen bij de geplande activiteiten aanwezig, waardoor andere spontane momenten die tussen hen en de Ovahimba ontstonden, tot spijt van de Massings niet zijn gefilmd. De tolk was alleen tijdens de opnames aanwezig om de instructies te vertalen. Zodra hij weg was, bleef de familie Massing dus zonder communicatiemogelijkheden in de kraal achter waardoor ze zich verveelden en weinig begrepen van wat de Ovahimba bedoelden. Pas toen ze bij terugkomst in Nederland het programma op televisie terugzagen, werd hen duidelijk wat bepaalde personen destijds hadden bedoeld. Monique: 'Dat is toch wel frustrerend. We hebben nog zoveel vragen.' Aangezien ze zichzelf voor het eerst terugzagen toen het programma op televisie werd uitgezonden, hadden ze geen idee van het eindproduct.

Het verblijf bij de Ovahimba werd door de familie Massing als een zware tijd ervaren. Ze zeggen niet nog een keer met een dergelijk programma mee te willen doen, tenzij het voor een paar dagen zou zijn en ze hun eigen kleding en voedsel mee zouden mogen nemen. Vooral het gebrek aan luxe viel hen zwaar en ook de cultuurschok was heftig, maar door hun sterke familieband hebben ze zich erdoor kunnen slaan.

Monique: 'Het was zwaar! 't Was echt afzien. Zonder de kinderen had ik 't niet overleefd! Familie is alles voor ons. Hadden mijn kinderen iets niet leuk gevonden, dan had ik zo een rechtzaak aangespannen hoor, of als ze de hele tijd aan het huilen waren, was ik gewoon weggegaan, maar juist omdat ze dat niet deden, hield ik het vol.'

Het gebrek aan hygiëne en het onbekende voedsel droegen er tevens aan toe bij dat ze hun 'primitieve' vakantie niet eenvoudig vonden.

Monique: 'Ik vond het zo vies. Ik wilde me zo graag wassen in water. Ik wilde het eten niet eten. Ik wilde echt niet apart slapen, ik wil bij mijn gezin zijn. Niet eten en slapen maakt geïrriteerd. Dat zie je ook in 't programma, ik lijk ook twintig jaar ouder daar, door 't ontbreken van slaap en vocht.'

Monique had ook problemen met de rollenpatronen van de Ovahimba. 'Ik ben geëmancipeerd. Het is toch niet normaal dat de vrouwen alles moeten doen de hele tijd, die mannen zitten maar een beetje op hun kont.'

Tijdens de opnames werd vrijwel alles door de programmamakers bepaald, maar er is ook ruimte geweest voor eigen initiatief. Zo hebben de Massings samen met de programmamakers voor *Groeten Terug* activiteiten bedacht. Het verjaardagsfeest voor Hans Jr. was bijvoorbeeld Monique's idee. De afscheidcadeautjes voor de Ovahimba werden echter door SBS 6 geregeld. Monique: 'Ik had liever eigen cadeautjes aan Kataeko en Muundjua gegeven. Horloges wilden ze graag. Ze (de programmamakers) kwamen aan met van die stomme molentjes, daar hebben ze toch niks aan! Als ik dat geweten had, was ik naar de markt gegaan en had ik twee horloges voor ze uitgezocht.'

Toen de Ovahimba voor de opnames van *Groeten Terug* in Nederland waren, zijn volgens de Massings alle onkosten vergoed. Monique zegt over de vergoedingen in het algemeen dat ze het wel eerlijk had gevonden als Eyeworks jaarlijks een bedrag aan de Ovahimba zou opsturen, aangezien zij zelf tenslotte ook nog een paar keer per jaar ongeveer 500 euro schijnen te ontvangen. Voor *Groeten Terug* zegt ze ongeveer 1250 euro te hebben ontvangen. Dit bedrag is volgens haar gebaseerd op de vervanging van hun salaris van drie weken. Voor hun deelname aan *Groeten uit de Rimboe* hebben ze geen geld ontvangen, maar de reis, het voedsel en het verblijf is volgens Monique wel vergoed. Ook is hun verblijf in de luxe lodge en een pleziervlucht vergoed. Al met al zeggen ze er niet rijker van te zijn geworden. Monique: 'Iedereen denkt dat altijd, maar meid, dan zouden we niet meer zo wonen, als dat zo was.' Verder zeggen ze dat ze allerlei contracten hebben ondertekend, maar ze weten '[...] niet precies' wat daar in stond.

Over de samenwerking met SBS 6 zijn ze tevreden. Ze zeggen goede contacten met hen te onderhouden. Ze hebben zelfs samen met SBS 6 een carnavalssingle over de Ovahimba opgenomen. Op het laatste moment werd dit echter afgeblazen. Monique: 'Er zou teveel kritiek op komen, van bijvoorbeeld die eehh.. antropologen! Dat vinden we echt heel jammer.' Ook vertelt Monique dat er misschien over een jaar of vijf door SBS 6 een reünie tussen de 'stammen' en de Nederlandse families wordt georganiseerd. Monique: 'Het is raar hoor, je bouwt wel wat op samen in die tijd en dan heb je nu helemaal geen contact meer...'

De Massings vinden het leuk dat ze door hun deelname aan het programma bekendheid hebben verworven.

Hans Sr.: 'Nog steeds komen mensen naar ons toe. Soms komt er kritiek, dat is wel vervelend. Maar als mensen zeggen dat de Himba's hier schade van hebben gekregen... dat is niet waar. De Himba's zijn echt niet zielig en ze hebben zelf ja gezegd. [...] Het is wel okay wat ze op tv hebben uitgezonden.. Er ontbreken wel moderne dingen in het programma die er wel waren, zoals auto's, kleren, horloges en ook zijn sommige dingen die we daar wel hebben gedaan niet uitgezonden. Maar goed, SBS 6 maakt nu eenmaal de keus wat ze wel of niet laten zien. Zo gaat dat nu eenmaal. [...] Ze hebben zich wel veel gericht op primitieve dingen, maar daar waren ze ook naar op zoek hè, dat was de bedoeling. Dat was gewoon 't programma om tradities te filmen enzo. Dat wilden de Himba's ook zelf hè, daar hebben ze zelf ja op gezegd. Ze zijn ook heel traditioneel. Daar kiezen ze echt heel bewust voor zelf. Ze willen echt het liefst op hun eilandje blijven.'

Hans Sr. benadrukt hier dat de Ovahimba er uit vrije wil voor hebben gekozen om aan het programma mee te doen en niet 'zielig' zijn, zoals soms wordt gesuggereerd. Ook benadrukt hij dat de Ovahimba er zelf voor kiezen om 'traditioneel' te leven. Hij mist in het programma wel de weergave van bepaalde moderne elementen, maar hij is zich bewust van het feit dat het beeld van het programma is geënsceneerd: SBS 6 was immers op zoek naar zoveel mogelijk 'primitieve dingen'.

Namibië, Windhoek. De betrokken partijen van *Groeten uit de Rimboe* en *Groeten Terug*

The Namibian Film Commission (NFC)
De programmamakers van SBS 6 hebben voor de productie van *Groeten uit de Rimboe* in Namibië samengewerkt met de Namibian Film Commission. De commissie is in 2000 in Windhoek door de overheid opgericht en de directeur is Edwin Kanguatjivi. Naast hem is er een secretaresse en een accountant werkzaam en er is een raad van vijf bestuursleden. Drie van de bestuursleden komen vanuit de regering:

één van het ministerie van *Home Affairs*, één van het ministerie van *Information & Broadcasting* en één van het ministerie van *Environment & Tourism*. De andere twee leden onder wie Birkes Glynnis, waren voorheen werkzaam in de filmindustrie. De voorzitter van het bestuur is Cecil Moller. Hij heeft diverse films op zijn naam staan, heeft een jaar in New York gestudeerd en werkt sinds een jaar bij de NFC. Iemand die ook voor de NFC heeft gewerkt en veel heeft gedaan op het gebied van Namibische film en onafhankelijke media is Ted Scott. Momenteel is hij hoofd leidinggevende van het Media Arts & Techno- logy Studies (MATS) aan het *Katutura Community Arts Centre*. Met directeur Edwin, bestuurslid Birkes, voorzitter Cecil en Ted sprak ik over het functioneren van de NFC, de samenwerking met Europese filmmakers in het algemeen en met de programmamakers van *Groe- ten uit de Rimboe* in het bijzonder.

Europese filmmakers die in Namibië willen filmen dienen drie weken voor aanvang officieel toestemming te vragen aan de NFC. In deze aanvraag moet een synopsis van het script, de datum van aan- komst en vertrek, het aantal leden van de crew en de exacte filmloca- tie worden vermeld. Ook dient er een werkvisum te worden aange- vraagd. Wanneer men in een nationaal park wil filmen dan dient men toestemming te vragen aan het ministerie van *Environment & Tourism*. Wanneer filmmakers minderheidsgroepen, zoals de Ovahimba of de San willen filmen, dan dienen zij contact op te nemen met de men- senrechtenorganisatie Legal Assistance Centre. Edwin: 'They have to do all that, so that there will be no controversy. We check with our government also, if a particular production is not going to bring us trouble.'

Er gaat volgens Edwin geen week voorbij zonder dat er toestem- ming wordt gegeven aan Europese filmmakers. Het doel van de NFC is volgens hem tweeledig: 'One, to promote film development and to attract filmmakers from outside to produce films here. Second, to train Namibians to make there own films and to tell their story from their own perspective.'

De NFC heeft hoewel het een officiële voorwaarde is, geen kopieën van *Groeten uit de Rimboe* ontvangen. Edwin heeft ze onlangs een jaar na dato, in zijn bezit gekregen maar hij heeft ze nog niet bekeken. Op de vraag wat de NFC aan deze nalatigheid kan doen, zegt hij: 'If we take note that they didn't gave us copies, to see if the image portrayed is a correct one and which we use for archives and records, we would protest to that particular country through Foreign Affairs. That will damage our relationship.' Een ander probleem is dat filmmakers in sommige gevallen als toerist Namibië binnenkomen en zonder officiële toestemming gaan filmen. De NFC beschikt volgens Edwin echter over te weinig mankracht om producties *on the ground* te controleren en Namibiërs ervan bewust te maken dat zij bij problemen de NFC kunnen inschakelen.

Dat er een verschil bestaat tussen de beoogde idealen van de commissie en de realiteit blijkt onder meer uit wat bestuurslid Birkes naar voren brengt. Volgens haar ziet de NFC in de praktijk geen filmscripts en zijn ze vaak alleen op papier op de hoogte van producties. Ze weet dan ook niets over de productie *Groeten uit de Rimboe* en ook de regering bekijkt volgens haar nauwelijks producties voordat ze het land uitgaan. De commissie functioneert dus niet als de *one-stop-shop* die het volgens haar zou moeten zijn. Het enige dat ze feitelijk doen is een werkvisum regelen voor buitenlandse filmmakers die zich officieel aanmelden. Wanneer er bij een productie problemen ontstaan, wordt de commissie als schuldige aangewezen, terwijl ze vaak geen weet hebben van de producties.

Volgens Birkes onderkent de regering het belang van de commissie. Omdat de regering het budget van de commissie controleert, is de commissie volledig afhankelijk van overheidsbesluiten. Volgens Ted is het gevolg van deze financiële afhankelijkheid dat de commissieleden zijn gebonden en dat zij nauwelijks de ruimte hebben om zich bezig te houden met beeldvorming. Volgens Ted is de NFC niet meer dan: '[...] a glorified title. In fact, they work as booking agents.' Ideaal gezien zou een commissie volgens hem onafhankelijk en kritisch moeten zijn. Er zou moeten worden nagedacht over verschillende representaties en de inhoud van films. Ted: 'The commission should take its responsibility, otherwise the wrong images of Namibia are continuing outside the country. But it's problematic, because they have limited space to act.' De NFC is vanwege deze afhankelijkheid volgens Birkes niet effectief. Birkes: 'Experience and skills are missing to control all applications per month. We don't have the legal power to stop a particular production. [...] We can only be independent, when the government gives us enough money.' Birkes zegt dat ze zich bewust is van de tekortkomingen van de NFC die het gevolg zijn van deze afhankelijkheid, maar dat het moeilijk is om uit deze cirkel te ontsnappen. Edwin geeft daarentegen een positiever beeld over het functioneren van de NFC.

> Edwin: 'When we (the Board) come together we are talking about the ethics and the responsibilities of filming. We try and ensure that whatever is done is ethical. You don't want them (European filmmakers) to come, to look at wonderful people like the Himba, and then they give them for example alcohol. The Himba are remote people, who are not so much used to alcohol. [...] Filming them under influence; this is totally unethical. Something we will definitely not tolerate. But the thing is: we don't have the capacity to be the policeman out there.'

Edwin's zorg om ethiek komt voort uit het feit dat de Ovahimba gevaar zouden lopen om te worden geëxploiteerd door Europese filmma-kers. De Ovahimba zijn '[...] wonderful people' en moeten daarom volgens hem worden beschermd.

> Edwin: 'On this particular programme, there are good and bad things. The good side is, by seeing these people who live in Nami-bia, some tourists will come to Namibia to see them. And tourists bring in money. Then you have the bad side of portraying the country in such a negative way that some of the people will say: if that's the way they live there, I will not come. [...] This programme can stimulate tourism. It all depends on how it is portrayed out there. If they see a virgin landscape, and you never saw a barren quiet open space, you may, if you have the money, come and see it for yourself. In general there is proof that in some countries where movies have been made that became blockbusters, tourism has increased. So there is definitely a correlation between filmmaking and tourism.'

Volgens Edwin moet het beeld van Namibië dat via Europeanen het land uitgaat geen schade toebrengen aan het imago van Namibië. Het moet een 'mooi' beeld schetsen van de schoonheid van het land en haar bewoners. Hij zegt dit niet zonder reden: dit beeld kan namelijk het toerisme stimuleren en dus inkomsten genereren. Deze gedachtengang maakt zijn nauwe verbondenheid met de overheid zichtbaar. Hoewel hij pleit voor een geromantiseerd beeld van Namibië, wijst hij tegelijkertijd op het belang van een gebalanceerd beeld, waarbij de bewoners van Namibië niet alleen als 'primitief' zouden moeten worden afgeschilderd.

> Edwin: 'Obviously, we don't want to be portrayed negatively. Yes, you have people who are living a primitive life, bear breasted whatever, but that's their culture. You have a metropolis like the one behind you (wijst naar een poster met de skyline van Windhoek), so you have to give the people a balanced picture. Look, not everybody is wearing skins, you can find Edwin in a suit as well, it's diverse! There should be balanced reporting.'

Dat de overheid zich alleen lijkt druk te maken over het stimuleren van de toeristenindustrie, in plaats van dat er kritisch wordt nagedacht over hoe Namibië zich aan de buitenwereld wil presenteren, legt volgens Birkes precies de vinger op de zere plek.

> Birkes: 'They all never get back at cultural interpretation or perception, because a complete image of the Himba doesn't sell! But the Himba are traditional AND modern, but you never see that. The government allows the images of primitive traditional tribes for the sake of tourism. This is the case in whole Africa. The ones to blame are not Europeans, but Africans themselves.'

Afrikanen zelf moeten dus volgens haar hun verantwoordelijkheden nemen voor de beelden die het land uitgaan, maar dit wordt belemmerd doordat iedereen zo snel mogelijk geld wil verdienen. Birkes: 'The Himba agreed with the programme, probably because of short-time–money–thinking. They get what they wanted and then they don't care more.' Ook Cecil benadrukt dit: 'The problem is that everybody wants to make money, and then they are not worried about cultural traditions or moral sensibility.' Het gaat er volgens Cecil om dat

Namibiërs overeenstemming moeten vinden in hoe zij zichzelf naar de buitenwereld toe willen portretteren.

> Cecil: 'It is still an issue of others portraying us. This new industry, of others making these kind of movies, like this Greetings thing you are talking about, is a new booming business. The concept is in general like this: a white guy meets a local, to sell in his home country. It's sadly but true. [...] Indigenous people should be global conscious. To be local conscious only is not enough. Traditional cultures are finding new economies. We can't stop this. The question is: which kind of values you want to keep, and which ones you want to let go... Namibia still has space to reason, to protect and to preserve traditional cultures. Traditional cultures are world resources, what is the world without them?'

Ook Cecil spreekt over de ongelijke machtsverhoudingen en de exploitatie van de Ovahimba. De Ovahimba zouden volgens hem verder moeten kijken dan hun lokale gemeenschap en een 'globaal bewustzijn' moeten ontwikkelen. Hij erkent dat de Ovahimba veranderen en dat ze deel uitmaken van het wereldsysteem. Juist dat is een reden om na te denken over hoe men zich wil verhouden tot 'traditionele' culturen: welke waarden wil men behouden en welke wil men loslaten. Uiteindelijk benadrukt hij dat de Ovahimba-cultuur beschermd dient te worden, maar niet zoals Edwin zegt omdat een 'mooi' beeld toeristen aantrekt, maar omdat de Ovahimba-cultuur behoort tot het werelderfgoed.

Uit de verschillende interviews blijkt dat de idealen van de NFC nauwelijks kunnen worden verwezenlijkt. De commissie is door de overheid opgericht, waardoor ze financieel afhankelijk zijn van overheidsbesluiten. Door het gebrek aan inkomsten hebben ze te weinig werknemers en middelen om het verloop van producties te controleren en hebben ze nauwelijks overzicht over de grote hoeveelheid beelden die het land uitgaan. Belangrijker nog; door deze afhankelijkheid wordt hen de ruimte ontnomen om zich bezig te kunnen houden met representatie, creativiteit, verantwoordelijkheid en ethiek. Daarnaast wordt zichtbaar hoe de directeur een overheidsideaal belichaamt: een geromantiseerde versie van Namibië en haar bewoners is voordelig voor het imago van het land, met name vanwege de aantrekkingskracht die het op toeristen heeft en waardoor dit beeld dus inkomsten kan genereren.

The Legal Assistance Centre (LAC)

Mission statement: We, the Legal Assistance Centre, being a public interest law centre, collectively strive to make the law accessible to those with the least access, through education, law reform, research, litigation, legal advice, representation and lobbying, with the ultimate aim of creating and maintaining a human rights culture in Namibia (www.lac.org.na)

Zeka Alberto is sinds 2002 als advocaat werkzaam bij het LAC en is betrokken geweest bij de producties *Groeten uit de Rimboe* en *Groeten Terug*, waarvoor hij tevens meereisde naar Nederland. Het LAC was aanvankelijk niet op de hoogte van de productie van *Groeten uit de Rimboe*. Halverwege het productieproces werden ze er vanwege kritiek bij betrokken. Het enige dat ik hierover weet, is afkomstig uit het gesprek met Edwin, de directeur van de NFC: 'Embassies were there, people were calling, something didn't go quite well, so we did inform the LAC to keep an eye on this. I heard that there were some complaints here, that they were depicting the Himba as foolish and stupid people.' Van wie deze kritiek precies afkomstig is, blijft gissen.

Naast dat het LAC de mensenrechten beschermt, beschikt het tevens over een fonds voor minderheidsgroepen zoals de Ovahimba en de San. Wanneer zij worden gefilmd, kan een producent geld aan dit fonds schenken. Op deze manier kan worden voorkomen dat filmmakers de gemeenschap direct betalen. Het LAC zou dit fondsgeld investeren in de lokale gemeenschap. Ik heb niet kunnen achterhalen of SBS 6 geld aan het fonds heeft geschonken.

Het LAC fungeert als intermediair tussen filmmakers en lokale gemeenschappen. Zo heeft het LAC tijdens de opnamen van *Groeten uit de Rimboe* de eis van de Ovahimba om de oude waterput te repareren, met succes bewerkstelligd. Dit is overigens terug te zien in de scène van *Groeten uit de Rimboe* waar de kijker ziet hoe Hans Sr. een waterput repareert.

De tijden zijn volgens Zeka veranderd. Als je als westerling rond de jaren '80 in Kaokoland kwam, rende iedereen weg voor vreemde-lingen. Nu stormen Ovahimba-kinderen de weg op om zich in ruil voor snoep, koffie en suiker door toeristen te laten fotograferen. Naast de toegenomen toeristenstroom zijn er momenteel ook veel aanvra-gen voor realitysoaps als *Groeten uit de Rimboe*. Zeka wil daarom een kantoor in Opuwo (hoofdstad Kuneneregio/Kaokoland) zodat de LAC op een regionaal niveau kan opereren. Net zoals de leden van de NFC naar voren brachten, is er volgens hem iemand nodig die de filmploe-gen begeleidt en hen en in dit geval de Ovahimba, de juiste contracten laat ondertekenen. De NFC en de *Tourism Board* van de regering zou-den volgens Zeka ook meer informatie moeten aanbieden aan film-makers en de Ovahimba, en filmmakers zouden bovendien de tradi-tionele wetten van de Ovahimba in acht moeten nemen bij het opstellen van contracten.

Zeka was er niet van op de hoogte dat er inmiddels een dvd van de programma's is uitgebracht. Hij zegt dat het achteraf uitbrengen van promotiemateriaal niet is opgenomen in het contract dat door Eye-works is ondertekend. Hij zegt hierover de programmadirecteur Ter Voert te gaan benaderen. Zeka: 'So it still generates a source of income, but the Himba don't get anything... The benefits are out of balance. I suppose even the Dutch family received more than the Himba.'[11]

De programmamakers hebben volgens Zeka de activiteiten met de Ovahimba en de Nederlanders volgens een vooraf opgesteld script bepaald. Hij heeft hen daarom geadviseerd om in de introductie van het programma te reflecteren op het feit dat alles in scène is gezet, maar, zegt Zeka: '[...] they didn't do it, because more real, means more money.'

De mentaliteit van veel Europese filmmakers in het algemeen vormt naar zijn idee een probleem, aangezien ze vaak niet bereid zijn om de lokale gemeenschappen voldoende te betalen. Eigen luxe, zoals dure hotels en uitgebreide maaltijden bereid door ingehuurde koks, gaat ten koste van de lokale gemeenschap die wordt gefilmd en dat, terwijl ze juist voor deze mensen naar Namibië komen. Zeka vraagt

---

[11] Voor degene die een financiële reconstructie wil maken, is hier, op basis van informa-tie die de Massings en de Ovahimba mij hebben gegeven, een overzicht: de Ovahimba hebben voor *Groeten uit de Rimboe* en *Groeten Terug* ongeveer 23480 Namibian Dollar (2138,77 euro) en de Massings ongeveer 2750 euro ontvangen.

zich daarom af: 'What's the point, what's the subject of filming... only personal profit? [...] Their only interest is money and they are not worried about the people involved.' Ook de manier waarop Europese filmmakers omgaan met de Ovahimba is zorgwekkend. Zeka: '[...] as if they are animals. They are acting as if they are in a zoo. There is no link with the community. They pay no regard to traditional values.'

De Ovahimba die aan de programma's hebben deelgenomen, hebben niet eerder aan een dergelijke productie meegewerkt. Ze zijn volgens Zeka willekeurig geselecteerd. SBS 6 was volgens hem op zoek naar: '[...] a traditional homestead, where every component of traditional daily life was involved.'

Producties als *Groeten uit de Rimboe* hebben volgens Zeka geen nadelige gevolgen voor de Ovahimba omdat zij een sterke en verantwoordelijke gemeenschap zijn. Ze kunnen het zich niet permitteren om hun verdiende geld bijvoorbeeld aan alcohol te verkwanselen, want zegt Zeka: '[...] if you are lazy, you are nothing. Cattle is everything. It's your personal status, so you have to take good care of it.' Ze investeren het verdiende geld dus volgens Zeka in hun vee, aangezien dit het belangrijkste onderdeel vormt van hun bestaan.

Zeka vertelt dat de familie Massing na hun verblijf bij de Ovahimba in een luxe lodge heeft gelogeerd. Dat zij hiervan zo geëmotioneerd raakten, zoals inderdaad te zien is in *Groeten uit de Rimboe*, wijst volgens Zeka op hun zwakte. 'Their reaction shows the weakness of these people. They were so happy to be back in a clean, hygienic, modern world. The Himba instead, were so strong. They reflect the opposite, they were so happy to be back in Kaokoveld.' Over het programma *Groeten uit de Rimboe* zegt hij verder:

'The message went through that the western society is developed and that people in Africa are living very primitive and are not developed. It's wrong. Especially anthropologists want to believe that they are not so backward anymore, but they DO live traditionally, like you see in the programme. BUT.... although they are traditional, they have rights. If they want to participate in such a programme, why not? Why should I prevent them from doing so? That they are traditional doesn't mean that they are crazy! Instead: they are very clever!'

Hij vertegenwoordigt hier duidelijk het mensenrechtendiscours dat het LAC uitdraagt, waarbij ieder mens ongeacht zijn culturele achtergrond, gelijke rechten zou moeten hebben. Hij werpt zich op als woordvoerder van de Ovahimba, spreekt duidelijk vanuit hun perspectief en probeert hun wensen in te willigen. Ze zijn namelijk naar zijn idee nog te vaak de dupe van ongelijke machtsverhoudingen. Hij benadrukt dat, hoewel de Ovahimba op een traditionele wijze leven, dit niet betekent dat zij onderontwikkeld zouden zijn. Sterker nog, de Ovahimba zijn zich volgens hem dermate bewust van de camera en gaan soms zo op in hun rol, dat ze acteren dat ze 'onwetend' zouden zijn. Ze weten dus welk beeld er van hun wordt verwacht en spelen daar op in om inkomsten te genereren. Zeka belicht daarmee als een van de weinigen de rationaliteit en de marktgerichtheid van de Ovahimba zelf.

Namibië, Windhoek. De publieke discussie en de vertoning van _Groeten uit de Rimboe_ en _Groeten Terug_

Wie die Wilden: post-koloniaal of theaterspel?
Om erachter te komen of er in Namibië een publiek debat over _Groeten uit de Rimboe_ heeft plaatsgevonden, ben ik in Windhoek in het krantenarchief gedoken. In de meest gelezen Namibische krant _The Namibian_ waren echter geen berichten te vinden over het programma. Wel is er een discussie in de Namibische versie van de Duitse krant de _Allgemeine Zeitung_ (AZ) opgelaaid, waarin diverse artikelen en ingezonden brieven verschenen van verontruste Duitsers. Zij maakten zich vanuit Duitsland en Namibië boos over de realitysoap _Wie die Wilden_, waarin een Duitse familie van december 2005 tot februari 2006 bij de Ovahimba verbleef. Dit programma is volgens hetzelfde format als _Groeten uit de Rimboe_ geproduceerd. In de discussie hierover zijn vergelijkbare argumenten naar voren gebracht als in de Nederlandse discussie. Men maakt zich zorgen over de eventuele exploitatie van de Ovahimba en er heerst woede over de manier waarop de Ovahimba worden gerepresenteerd. De 'prachtige' en 'authentieke' Ovahimba-cultuur dient te worden behouden en daarom te worden beschermd tegen de vernietigende werking van moderniteit.

Er wordt diverse malen benadrukt dat _Wie die Wilden_ is geënsceneerd en dat het een voorgeprogrammeerde cultuurschok zou zijn (Stracke 2005, WAZON: 7). De Ovahimba zouden slechts als 'primitief' of als 'halve kannibalen' worden afgeschilderd, waardoor het een vertekend beeld geeft van Namibië en van Afrika in het algemeen (Suppa 2006, WAZON: 2); (Moenikes 2006: 11.). Onder de dekmantel van een culturele ontmoeting zouden de Ovahimba op een 'dierentuinachtige wijze' worden gerepresenteerd en de Ovahimba moeten daarom worden geholpen om hun cultuur en hun waarden te kunnen behouden (Opel 2006: 9). Bauer, die het Duitse filmteam heeft begeleid, wordt in een artikel geciteerd en zij brengt naar voren dat dergelijke programma's tot een interessante uitwisseling kunnen leiden, maar dat ethische en morele grenzen vaak door slecht overleg tussen de filmmakers en de Ovahimba worden overschreden. 'Schließlich geht es beim Reality-TV um den Voyeurismus und die Sensation,' aldus Michaela Bauer (Schreiber 2005, WAZON: 1)

Het programma zou volgens diverse personen zonder enig respect voor de andere cultuur zijn gemaakt. De titel *Wie die Wilden* wordt tevens verwerpelijk gevonden. 'Nichts gelernt haben wir ach so zivilisierten Europäer aus den Jahren des Kolonialismus' (Blessing 2006: 11). Het doet de auteur denken aan de 'wilden' die 250 jaar lang op volkstentoonstellingen werden getoond, met als gevolg dat hun bestaan door Europese arrogantie werd verstoord (ibid.). Er wordt zelfs gezegd dat het programma de mensenrechten zou schenden aangezien de betrokkenen slechts als 'wilden' worden gerepresenteerd. De Ovahimba worden tot '[...] schauobjecten' gereduceerd en tegenover een schijnbaar geciviliseerde Duitser gezet, waardoor de Ovahimba cultureel minderwaardig worden gemaakt. Het programma zou discriminerend zijn, omdat de Ovahimba niet als gelijken zouden worden gezien en het zou daarom een vorm van post-kolonialisme zijn. De Ovahimba zouden op een misleidende wijze naar derden toe worden gerepresenteerd, waardoor er schade zou worden toegebracht aan het beeld van hun leven (Böhler 2006: 13).

Er is slechts één artikel waarin wordt gesuggereerd dat de Ovahimba uit vrije wil aan het programma zouden hebben deelgenomen. Hierin wordt beweerd dat het programma geen beschamende vorm van post-kolonialisme is en dat het niet is te vergelijken met negentiende-eeuwse volkstentoonstellingen; het programma is namelijk niet meer dan een theaterspel. 'Es sind Szenen wie diese, die besonders uns Namibiern Spaß machen. Juchhu, endlich hat Afrika eine Schaukel!' (Schreiber 2006, WAZON: 1). De Ovahimba zouden volgens Schreiber lang niet zo 'wild', 'primitief' en 'traditioneel' zijn zoals ze worden voorgesteld en bovendien zouden ze zelf het grootste plezier hebben wanneer ze aan een dergelijk programma deelnemen. 'Sie sind Schauspieler, nebenberuflich. Und wenn Sie für die Kamera ihre vermeintlichen Rituale zelebrieren, dann ist das nichts anderes als eine gut inszenierte Theatershow. Die hat man jahrelang für andere Kunden: die Touristen' (ibid.).

Groeten uit de Rimboe en Groeten Terug: grensverlegging of afbakening?

Om erachter te komen wat de programma's *Groeten uit de Rimboe* en *Groeten Terug* onder Namibiërs oproepen, heb ik de programma's aan diverse personen getoond en een groepsdiscussie georganiseerd. Bij de vertoning waren twee personen aanwezig die werkzaam zijn in de filmindustrie: Cecil (voorzitter van de NFC) en Birkes (bestuurslid van de NFC). Daarnaast was Werner aanwezig, een kennis van Birkes. Hij is raadslid bij de overheid. Hij is een Herero en is in Kaokoland geboren. Ik vermeld dit omdat het van invloed is geweest op de discussie. De programma's ontlokten uiteenlopende reacties, waarin wederom elementen van het *primitivist discourse* opdoken.

Werner vindt het beeld dat het programma van de verschillende culturen geeft geloofwaardig en hij is van mening dat de getoonde emoties in het programma oprecht zijn, bijvoorbeeld wanneer Tjiwawa bij het afscheid in Nederland huilt. Hij is verbaasd over deze scène aangezien het naar zijn idee ongebruikelijk is dat een Omuhimbaman zo openlijk zijn emoties toont. Hij vindt het goed dat het programma dit heeft bewerkstelligd en hij noemt het programma daarom 'verlichtend en grensverleggend'. 'This programme is a good exercise in starting a dialogue between cultures.' Dit argument keert in Namibië in relatie tot de programma's dikwijls terug en wijst wellicht op het post-apartheidsideaal van de *rainbownation*, dat symbool staat voor de eenheid van diverse culturele, etnische en raciale groepen.

Birkes is in tegenstelling tot Werner kritisch over het beeld dat het programma geeft. Het valt haar op dat de Nederlanders in Afrika aan allerlei dagelijkse activiteiten deelnemen en vooral moeten zien te overleven in de 'primitieve' omstandigheden, terwijl de Ovahimba in Nederland slechts deelnemen aan uitstapjes. Het geeft daardoor geen goed beeld van het alledaagse leven in Nederland. 'The part when they are in Africa, then it's all about surviving, in Holland it's about having fun. This programme is making fun of traditional people. It's just made to laugh. And there is no why, no explanation.' De opmerking van Birkes over dat het programma slechts is gemaakt om traditionele volkeren te kijk te zetten, stoot Werner tegen het verkeerde been. Hij is in Kaokoland geboren, waardoor hij zich persoonlijk aangevallen voelt. Er ontstaat vervolgens een emotionele discussie waarin het slechts gaat over etniciteit en welke argumenten daardoor al dan niet geoorloofd zouden zijn. Werner probeert de anderen te intimideren doordat alleen hij door zijn achtergrond degene zou zijn met recht van spreken. Hij vindt het teleurstellend dat Birkes de Ovahimba zo betuttelt, want híj lacht juist om de blanken. Werner: 'The Himba ARE traditional like this! That's beautiful, and the whole world has to know and see, they can learn from it. On the other hand, they should not show all their cultural practices, because it can do harm to the image of Namibia.' Hier wordt tevens zichtbaar dat Werner werkzaam is voor de overheid. Net als Edwin, de directeur van de NFC, belichaamt hij het overheidsideaal: Namibië en de Ovahimba dienen zo 'mooi' mogelijk naar de buitenwereld toe te worden gerepresenteerd om zo het toerisme te stimuleren.

Birkes benadrukt dat ze bezorgd is om de rechten van de Ovahimba en hier sluit Werner zich bij aan; ook hij vermoedt dat hetgeen Europeanen eraan verdienen waarschijnlijk niet in balans is met de opbrengsten voor de Ovahimba. Werner: 'It's a form of exploitation. People in Africa should know their rights; we need to inform them to make them aware of it.' Ook Cecil benadrukt de ongelijke machtsverhoudingen, maar hij gaat nog een stap verder.

Cecil: 'This programme is a measuring stick, to say we Europeans are civilized. It's filmed from an Eurocentric viewpoint, I don't like it. The makers are not sensitive. I can't reason out positive things coming out from this programme. They just try to make sensational stuff. [...] There is no respect for culture itself. So it's a reference point, by watching it, viewers can identify themselves.'

Cecil is van mening dat het programma slechts ter bevestiging dient van de westerse superioriteit. Zowel de Ovahimba als de Massings worden naar zijn idee gebruikt voor entertainment. Hij benadrukt dat het programma daardoor in feite niet over de Ovahimba gaat.

> Cecil: 'They looked from a supermarket oriented viewpoint. But Himba don't know supermarkets! They were just reactionaires, objects. The reasons for their actions were never showed. Now, viewers are laughing at the Himba, instead of the Dutch family. They can laugh about the Dutch, only if they would have changed the viewpoint. But the other point of view is completely missing.'

Door gehaaste opnames en het gebrek aan de door hem geponeerde term *time-respect*, kan er naar zijn idee in dergelijke programma's geen werkelijk begrip tussen de twee culturen ontstaan.

> Cecil: 'They don't look at the situation, there is no spiritual relation, the connection is just practical. If you respect somebody's time, you respect somebody's culture. But time-respect was not there. If they would respect time, then it would create a deeper cultural understanding. Now this woman (Monique) is just screaming when they slaughter a cow. She doesn't have a clue that it's a special gift for them. You can see this also when they showed Holland, it was like a circus, they didn't show ordinary life.'

Volgens Cecil komt het programma *Groeten uit de Rimboe* voort uit een trend van realitysoaps, waarbij de zorg om moraliteit wordt opgeslokt door de jacht op kijkcijfers. Cecil: 'People just love to see the exotic, to romanticize Africa. We have natural voyeurs in us humans. It's all about ratings. Money is taking the decisions. The quality of good programmes is going down; they just try to fill in space, for the high consumption of television.' Omdat een exotisch beeld van Afrika en de Ovahimba nu eenmaal goed verkoopt, staan de Ovahimba dus in zijn ogen slechts in dienst van de entertainmentindustrie.

'There is no jungle in Namibia.' Mediastudenten over *Groeten uit de Rimboe* en *Groeten Terug*

Om de opinies van jonge Namibiërs te achterhalen, heb ik *Groeten uit de Rimboe* en *Groeten Terug* ook aan eerste- en tweedejaars mediastudenten van de *Media Arts & Technology Studies* (MATS) van het *Katutura Community Arts Centre* in Windhoek, laten zien. Naar aanleiding van de vertoning hebben zij over de programma's een vragenlijst ingevuld en een debat gevoerd.

Uit de vragenlijst die 33 studenten hebben ingevuld, is naar voren gekomen dat de waarde van de programma's volgens hen is gelegen in het feit dat het de mogelijkheid biedt tot intercultureel contact en zodanig een tegenwicht biedt voor discriminatie. Student: 'The value of the programme is, that no matter who you are, or where you come from, we can learn to appreciate and love one another and respect different cultures and values.' Dit argument is eerder al naar voren gebracht door Werner en wijst wellicht op het post-apartheidsideaal van de *rainbownation*.

In tegenstelling tot mijn verwachting weten veel van de studenten net zo weinig over de Ovahimba als Nederlanders en de meeste van hen gaan dan ook mee in beeld dat het programma van de Ovahimba geeft. Studente: 'It was shocking for me to learn that fellow Namibians who are the Ovahimba don't actually know much about the things of the modern life and they got scared when TV is on, well that was a funny part.' Er zijn daarentegen ook verschillende studenten die benadrukken dat het programma geen goed beeld van Namibië zou geven, omdat de diversiteit van de verschillende bevolkingsgroepen en de moderniteit onderbelicht blijven.

Student Jerry Radical: 'The programme was mind opening and it had a lot of funny humorous moments, [...] though it did not really reveal the diversity of Namibia in relation to the multiple tribes and how culture has dynamically changed and drastically evolved in Africa as a whole. [...] I suggest they should also venture other African families, exotic and non-exotic to get a full holistic picture of Africa.'

Een andere student merkt op: 'Why they call it Greetings from the jungle? There is no jungle in Namibia!'

De studenten blijken cultuur te zien als iets dat is aangeboren en de identiteit volledig bepaalt. Het zou een vaststaand gegeven zijn, dat wordt gekenmerkt door specifieke tradities en rituelen. Er wordt dan ook meerdere malen naar voren gebracht dat de Nederlanders daarom geen cultuur zouden hebben. Zij zijn modern en daardoor niet uniek en dus cultuur-loos. Student: 'The Dutch are nothing different from the rest of the world. They got no culture.' Student: 'Like the Dutch or other Namibians I am one of those children who doesn't have any idea of what my identity is, but praise the Himba that they are learning their children their culture and giving them identity.' De Ovahimba zouden in vergelijking tot de Nederlanders juist wel over een unieke, duidelijk zichtbare en sterke cultuur beschikken en zich verzetten tegen moderniteit. Student: 'I think the Himba are people that are still strongly in their culture. They are very typical.' Student Jerry Radical: 'The Himba people have not been exposed much in relation to the culture change and its dynamics simply because they don't want to change it. It's their heritage and they are proud not to include modern elements.'

In het debat dat een week na de vertoning van de programma's plaatsvond, zijn door de studenten over het algemeen dezelfde argumenten naar voren gebracht als in de vragenlijst. Wat er echter aan werd toegevoegd en wat een kritischer geluid was dan dat er in de vragenlijsten naar voren kwam, was dat de Ovahimba door de programmamakers zouden zijn uitgebuit en dat zij hiertegen zouden moeten worden beschermd. Samengevat komen deze argumenten neer op het volgende:

Who benefits the most? Those people come to Namibia and they make their film about the Himba. They make money out of these people, but they don't give it back. They pay some money to the Himba, instead of giving them material things which are more useful, like a car for instance. After giving them a bit of money, they leave the Himba and they go back to Europe to earn a lot of money. We call that a form of neo-colonisation, it's exploitation. The Himba don't have the power to fight back, it's a form of slavery. The

Himba are a small portion of Namibia, they cannot take the rules themselves.

Ook hier is men dus bezorgd over de mogelijke exploitatie van de Ovahimba. Het programma wordt niet alleen als een vorm van post-kolonialisme gezien, ze noemen het zelfs een vorm van slavernij. De Ovahimba moeten daarom door anderen worden beschermd, mede omdat zij zelf een kleine groep vormen en het alleen niet zouden redden. Wederom wordt hier zichtbaar dat er sprake is van een dis-cours over de 'primitieve Ander' dat zich globaal uitstrekt en uitdruk-king geeft aan een bezorgdheid over uitbuiting.

Namibië: Kaokoland. 'Travelling in time', een *Himba-tour*

De toeristensector in Namibië maakt veelvuldig gebruik van de aan-trekkingskracht die de 'exotische' en 'primitieve' Ovahimba op bui-tenstaanders heeft. De visuele representaties in de brochures zijn '[...] the founding myth for Himba Otherness and serve as a foil for self-experience' (Bollig & Heinmann 2002: 303). Er wordt in de adverten-ties gesuggereerd dat de toerist een glimp kan gaan opvangen van de 'authentieke' cultuur van de Ovahimba en het is dan ook mogelijk om vanuit Windhoek georganiseerde *Himba-tours* te boeken. Voor derge-lijke bezoeken worden er zelfs op kleine schaal Ovahimba-dorpen nagebouwd. Om te bestuderen hoe een *Himba-tour* in zijn werk gaat, wat de beweegredenen van toeristen zijn om hieraan deel te nemen, wat hun beeld is van de Ovahimba en hoe de Ovahimba deze bezoe-ken ervaren, heb ik deelgenomen aan een dergelijke tour. [12]

Veldwerkverslag 24-08-2007
Samen met vier Spaanse toeristen bezoek ik een kraal in Otjogava, zo'n 10 km van Opuwo. Per persoon moet er 80 Namibische dollar aan de gids worden betaald (ongeveer 8 euro) en op zijn advies worden er geschenken voor de Ovahimba meegenomen, waaronder drie flessen

---

[12] Alle interviews hebben in Namibië in het Engels kunnen plaatsvinden, behalve die met de Ovahimba, waar ik gedwongen was om met een vertaler te werken. Dit is gecompliceerd aangezien een zuivere vertaling wordt belemmerd doordat de interpretatiefilter van de ver-taler ertussen zit. Bovendien kan de nuance en complexiteit van het OtjiHerero verloren gaan, doordat het eerst naar het Engels en vervolgens naar het Nederlands is vertaald.

zonnebloemolie, vijf kilo suiker, tabak en koekjes. Nadat de gids aan de Ovahimba toestemming heeft gevraagd en een korte introductie heeft gegeven, worden we aan hen voorgesteld en krijgen we de gelegenheid om vragen te stellen. De gids vult de antwoorden aan en geeft informatie rondom de cultuur. Hij richt zich hierbij vooral op de meest tot de verbeelding sprekende elementen zoals hekserij, kapsels, juwelen en initiatierituelen, zoals het verwijderen van de ondertanden bij elfjarige meisjes. Hij vertelt alles met een zekere spanning in zijn stem. De toeristen luisteren aandachtig met bijkomende 'oohs..' en 'aahs..' De vragen van de toeristen zijn gericht op geschiedenis, traditie, onderwijs, ziekte, de overheid en sociaal-economische verandering. Wanneer ik de toeristen vraag naar de reden van hun bezoek aan de Ovahimba wordt er gezegd: 'Het is verbazingwekkend, erg boeiend. We reizen niet naar een andere plaats, maar terug in de tijd. Hier kunnen we zien hoe wij duizenden jaren terug hebben geleefd.' Ook een Omuhimba-vrouw vraagt naar de intentie van ons bezoek. Toerist: 'Om van mensen die zo'n ander leven leiden iets te kunnen leren, om eens iets heel anders te zien. [...] Ik weet niet wat in onze cultuur belangrijk is! Geld?' Omuhimba-vrouw: 'Hoe leven jullie?' Toerist: 'Familie is hier erg belangrijk, maar wij leven veel individueler. We bezoeken onze familie niet zo vaak.' Omuhimba-vrouw: 'Maar herkennen jullie je eigen familie wel?' Toerist: 'Nabije familie herkennen we, maar verre familieleden niet.' Omuhimba-vrouw: 'Wij Ovahimba verlaten onze familie niet. We kennen elkaar door en door en we hebben een sterke band.'

Direct na deze zin volgt er weer een typisch omslagmoment. Omuhimba-vrouw: 'We hebben niet genoeg voedsel vanwege de droogte, we hebben zoveel problemen...' Van het begin tot het einde van het bezoek draait alles om geld. Voortdurend wordt er om dingen gevraagd; of wij hout bij ons hebben, of wij iets tegen de koorts hebben en of zij mijn mobiel even kunnen gebruiken. De gids vertelt me van tevoren dat de Ovahimba soms aangeven welke problemen ze hebben, zoals ziekte en het gebrek aan water, om toeristen te motiveren om geld te geven. Ze krijgen in veel gevallen extra geld als ze hun hutten van binnen laten zien of wanneer ze extra activiteiten uitvoeren, zoals het reinigen en parfumeren van hun kleding of het insmeren van hun lichaam met *otjize*. Omuhimba-vrouw: 'We onderhouden al lang tijd contacten met blanken. Ze zijn hier met respect en zonder conflicten gekomen. Maar de overheid geeft ons geen medicijnen en daarom vragen we toeristen hierom.'

Ze worden gemiddeld één of twee keer per week door een groep toeristen bezocht. Op mijn vraag hoe ze dat ervaren, krijg ik het antwoord van een Omuhimba-vrouw: 'Ze brengen niet genoeg geschenken mee, de zakken meel zijn te klein.' Ook de gids benadrukt de armoede van de Ovahimba om de toeristen te motiveren om geld te schenken. Hij is de ultieme tussenpersoon bij deze handel; hij brengt tenslotte het geld via de toeristen naar de gemeenschap.

Sommige Ovahimba maken tijdens ons bezoek een volstrekt ongeïnteresseerde indruk. Ze hebben dit gebeuren kennelijk al vaker meegemaakt. Het hele bezoek voelt dan ook aan als één groot toneelstuk. Tussendoor doet een Omuhimba-vrouw 'spontaan' een dansje; de routine straalt ervan af. Zij lijken goed te zijn ingespeeld op wat er van hen wordt verwacht.

Na het vraaggesprek komt het fotomoment. De toeristen krijgen toestemming om rond te lopen en foto's te maken, wat essentieel is voor de vastlegging van dit unieke bezoek en wat tevens dient ter legitimatie voor het thuisfront. Na het fotomoment komt de vraag of ze iets van de Ovahimba willen kopen. Nog voor er antwoord is gegeven, hebben zeven kinderen in een handomdraai van vijf dekens een kleine volledig ingerichte markt gemaakt. De dekens liggen bezaaid met allerlei 'typische' Ovahimba- en Afrika-artikelen, zoals juwelen, kalebassen, beelden, maskers en houten giraffen. Voordat we weer in de auto stappen, slaan de toeristen hun slag.

Wanneer ik achteraf aan de toeristen vraag hoe zij de excursie hebben ervaren, zeggen ze erg te zijn geraakt. Ze vonden het een zeer bijzondere ervaring om te mogen kijken bij een 'stam' die nog zo traditioneel leeft en ze wijzen nadrukkelijk op het gevaar van globalisering. '[...] Coca-Cola en MacDonald's zijn overal! Je kunt de schadelijke invloeden ervan en de komst van de moderniteit nu ook al bij de Ovahimba zien. Het is een schande, het zal hun cultuur vernietigen. Ze zullen worden geruïneerd door de globalisering en de markteconomie. Dit is zo zonde!'

De toeristen die Kaokoland bezoeken, zijn grotendeels cultuurtoeristen. Het is een vorm van antro-toerisme waarin het teruggaan naar de

natuur en het zien van de 'inheemse' bevolking een kans is voor zelf-
ontplooiing (Bollig & Heinemann 2002: 302-303). Dit element van het
primitivist discourse komt duidelijk naar voren bij de Spaanse toeristen.
Ze zijn op zoek naar een 'echtheid' die ze zelf door hun stressvolle
moderne bestaan en het vervagen van hun eigen cultuur en familiebanden hebben verloren. De eenvoud van het bestaan van de Ovahimba wordt geromantiseerd; het laat zien waar het in het leven
werkelijk om zou draaien. Ook zeggen ze door de Ovahimba te bezoeken, terug in de tijd te reizen. Ze projecteren hun eigen geschiedenis
op de Ovahimba en denken te zien hoe zij zelf ooit, ver terug in de
oertijd zouden hebben geleefd. Het evolutionistische tijdsconcept,
met de ontkenning van gelijktijdigheid, zoals Fabian heeft omschreven, is hier wederom duidelijk te herkennen.

De toeristen zien de Ovahimba-cultuur als een uniek object dat
gevaar loopt om vernietigd te worden door modernisering. Het moet
daarom worden beschermd opdat het in zijn meest 'authentieke'
vorm kan blijven bestaan. Met deze blik zien de toeristen alleen dat
wat ze willen zien. Ze hebben het bijvoorbeeld niet over de aanhoudende vragen naar geld of dat de Ovahimba wellicht zelf zouden wíl-
len moderniseren. Ze koesteren daarmee mijns inziens een nostal-
gisch verlangen naar een tijdperk dat voorbij is, of misschien eigenlijk
alleen in de verbeelding bestaat.

Toch is het te eenzijdig om ervan uit te gaan dat alle toeristen op
zoek zouden zijn naar authenticiteit. In het postmoderne tijdperk
schijnt er namelijk een nieuwe klasse toeristen te zijn ontstaan: de
'post-toeristen'. '[...] people who are less concerned with authenticity
than with seeing a good show' (Bruner 2002: 391-392). Voor deze 'post-
toeristen' is het plezier van de ervaring belangrijker dan de juistheid
of de authenticiteit van de representatie. Zij realiseren zich dat er in
het toeristische drama wordt geacteerd ten behoeve van hun eigen
plezier (ibid.: 392). Ondanks dat ben ik van mening dat in het geval van
de *Himba-tour* waar ik aan heb deelgenomen, de Ovahimba de toeristen met succes hebben weten te verleiden om op te gaan in het ritme
van de compleet gereguleerde 'authentieke' ervaring. Al met al zijn de
Ovahimba in deze *Himba-tour* niet meer dan metaforen die het stereotype beeld waarnaar de toeristen op zoek zijn, bevestigen.

Daarnaast laat het bestaan van deze *Himba-tours* zien dat de kijker van *Groeten uit de Rimboe* verre van de enige is die een glimp van de Ovahimba weet op te vangen. Het leven van de Ovahimba blijkt lang niet zo onbekend als SBS 6 het doet voorkomen. Sterker nog; gezien de populariteit van deze *Himba-tours* kan er in zekere zin worden gesproken van een 'Himba-attractie'. De Ovahimba zijn volgens Jimmy, de gids van de *Himba-tour*, niet alleen populair bij toeristen, maar ook bij Europese filmmakers. Deze populariteit wordt volgens hem veroorzaakt,

'[...] omdat er aan hun cultuur veel geld is te verdienen. Veel mensen in Europa willen hen zien, maar hebben niet de tijd om hen te bezoeken en dus worden er films over hen gemaakt. Soms worden er door filmmakers grappige dingen gemaakt, zoals wanneer ze de Ovahimba meenemen naar de zee. Ze kiezen precies die dingen uit die voor de Ovahimba onbekend zijn, zoals de zee, grote steden, schaatsen, het vliegtuig. Het zal me niet verbazen als een paar filmmakers binnenkort een Ovahimba-voetbalteam oprichten! [...] Het is slechts vermaak; er zouden meer voorwaarden moeten worden gesteld. Filmmakers zouden andere culturen meer moeten respecteren. [...] De cultuur van de Ovahimba wordt vercommercialiseerd en zij zouden daar zelf van moeten profiteren, maar dat is nu niet het geval. Het zal hun cultuur nadelig beïnvloeden. Om de Ovahimba en hun cultuur te beschermen, zou er echt een grens moeten worden gesteld aan het maken van zulke entertainment-programma's.'

Hij benadrukt hoe alles telkens door de filmmakers in scène wordt gezet en hoe de Ovahimba worden gebruikt voor entertainment. Filmmakers tonen in zijn ogen nauwelijks respect en de inkomsten zijn uit balans. Westerlingen bederven volgens hem de Ovahimba-cultuur door het te commercialiseren en de Ovahimba zouden hiertegen moeten worden beschermd. Het is voor hem essentieel dat hun tradities in stand worden gehouden, aangezien hij eraan verdient. Door toeristen in contact te brengen met de Ovahimba brengt hij echter zijn eigen inkomstenbron tegelijkertijd in gevaar, omdat het geld dat de Ovahimba met hun 'traditionele' imago verdienen, tenslotte kan leiden tot een verlies van 'authenticiteit'.

Groeten van de Ovahimba

Na een zoektocht door een uitgestrekt gebied heb ik uiteindelijk alle Ovahimba gevonden die aan de programma's *Groeten uit de Rimboe* en *Groeten Terug* hebben deelgenomen.

Veldwerkverslag

Vanuit de auto waarmee mijn gids en ik door het gebied rijden, zie ik plotsklaps een vrouw op straat lopen die sprekend op Kataeko lijkt. We stoppen, ik stap uit, loop naar haar toe en zeg haar naam. Ze is het! Ik begroet haar en probeer in gebrekkig OtjiHerero te vertellen dat ik uit Nederland kom. Ik pak de dvd van de programma's uit mijn tas en laat het aan haar zien. Stil en bedachtzaam bekijkt ze de foto's en noemt de namen van de personen die op de omslag staan. Van de dvd kijkt ze naar mij en ze vraagt zich af wie ik ben en wat ik kom doen. Mijn gids komt erbij en helpt met vertalen. Ik vertel haar dat ik de programma's in Nederland heb gezien en benieuwd ben naar hun ervaringen. Ze zegt dat ik welkom ben en mag langskomen in hun kraal. Wanneer ik daar ongeveer een week later aankom krijg ik van alle kanten nieuwsgierige blikken, maar ik word niet opgewacht door een uitgedoste, zingende menigte die me begint te betasten zoals dat het geval was bij de familie Massing. Er worden diverse vragen gesteld over de intentie van mijn bezoek. Ik heb mijzelf eerst aan de chief van Ombaka voorgesteld en toestemming gevraagd voor mijn plannen. Ik leg hem uit dat ik niet voor SBS 6 werk, maar dat toen ik de programma's zag, ik nieuwsgierig werd naar hoe de Ovahimba het hebben gevonden om eraan mee te doen en wat zij van de programma's vinden. Nadat hij toestemming heeft gegeven, vinden mijn gids en ik bij de waterput Kataeko die ik al eerder op straat heb ontmoet. Ze lijkt blij ons te zien en wijst ons de kraal waar we vlakbij onze tenten mogen opzetten. Daar ontmoet ik Muundjua. Voordat ik *headman* Vatiraike heb ontmoet, is het echter niet toegestaan om met de vrouwen te praten. Gelukkig arriveert hij nog diezelfde dag. Het eerste wat ik zie als hij aankomt, is de rode Feyenoordmuts op zijn hoofd. Het bewijs van zijn deelname aan de programma's kon niet duidelijker zijn. Hij is vriendelijk en verrukt over mijn komst. Het duurt drie dagen om de vertoning van de programma's te organiseren. Bij zons-ondergang laat ik het programma op de televisie en de dvd speler die ik heb geleend in een naburig dorp, draaiend op de accu van de auto, aan ongeveer twintig Ovahimba zien. Ze kijken bedachtzaam en geconcentreerd. Ze lachen veel en uitbundig, vooral om elkaar en wanneer er door hen of de Massings blunders worden gemaakt (zie bijlage 3).

De deelnemers
Vatiraike Tjirambi staat aan het hoofd van de familie. Hij is geboren op 22-01-1955 en heeft twee broers en twee zussen. Hij is *headman*, ofwel de *first councelor* van de chief van Ombaka. Dit betekent dat hij als intermediair fungeert tussen de chief en de bewoners. Zijn naam Vatiraike betekent 'what are you scared of'. In het programma wordt hij *chief* genoemd. Kataeko Tjiuma is de eerste vrouw van Vatiraike en is geboren op 15-11-1958. Ze is de eerstgeborene van een tweeling en heeft zes kinderen. De naam Kataeko betekent 'go around and explore'. Kapirurua Muundjua is de tweede vrouw van Vatiraike en is geboren op 03-03-1983. Ze heeft twee kinderen en haar naam Muundjua betekent 'when the father decides, nobody will change his ideas'. Tjiwawa Omungareva is een vriend van Vatiraike. Ik schat hem begin dertig en hij heeft een vrouw en een kind. Keripura is een dochter van Vatiraike en Kataeko. Ze is 19 jaar, getrouwd en heeft een kind.

De Ovahimba over *Groeten uit de Rimboe*
Vatiraike vertelt dat ze op een dag door George zijn benaderd. Hij is via Tom die eerder een film in het gebied heeft opgenomen, bij hen terecht gekomen.[13] Vatiraike: 'Ze waren op zoek naar een geschikt dorp om te filmen. Onze kraal beviel ze omdat het hier mooi en rus-tig is. Het ligt een beetje afzijdig, tegen een heuvel aan, dus er komen niet veel mensen langs.' De programmamakers vertelden Vatiraike dat

---

[13] Wanneer ik na thuiskomst wat speurwerk verricht, kom ik erachter dat dit Tom Cloek-caert moet zijn geweest die er het gelijksoortige Belgische programma *Toast Kannibaal* aan het opnemen was. George, waar Vatiraike het over heeft, is waarschijnlijk George Roumeg-uere die als freelance productie coördinator voor Eyeworks de wereld rondreist op zoek naar 'primitieve stammen' die geschikt zouden zijn voor het programma.

ze een film wilden maken over een Nederlandse familie die een tijdje in hun kraal zou verblijven en net zo zou gaan leven als de Ovahimba. Al de volgende dag arriveerde de Nederlandse familie. Ze hadden volgens Vatiraike blinddoeken om, zodat ze niet zouden zien waar ze aankwamen. De culturele attributen die de Ovahimba-vrouwen in de welkomstscène droegen, zoals de hoofddeksels, zijn speciaal voor het programma uit de 'kast' gehaald. Normaal gesproken worden ze alleen bij rituelen gebruikt.

Vatiraike heeft de plek laten zien waar de filmcrew destijds verbleef. Het was een schaduwrijke plek, ongeveer tweehonderd meter buiten de kraal zodat de Massings hen niet konden zien. Na slechts een week wisten de Massings het team echter al te vinden, omdat ze het voedsel van de Ovahimba niet konden verdragen en met de crew mee wilden eten. Vatiraike vond het een grote filmcrew; er waren een stuk of acht auto's en veel tenten. Ook hadden ze een aparte plek gemaakt voor een douche. Verder waren er artsen, koks, mensen die de was deden en twee vertalers aanwezig. Hij vond het een druk werkschema: ze filmden van 's ochtends vroeg tot in de namiddag en soms ook nog in de avond.

Toen de filmploeg arriveerde was er vanwege het droogteseizoen bijna niemand in de kraal aanwezig. De programmamakers hebben daarom met hulp van Vatiraike allerlei mensen uit de omgeving opgetrommeld. Zo kon er toch nog een 'authentieke' bevolkte kraal na worden geboost, maar in feite is het een geselecteerde cast. Ook Tjiwawa blijkt uit een ander gebied te komen. Wanneer ik hem vraag hoe hij bij de productie betrokken is geraakt, zegt hij: 'Ik kwam hen onderweg tegen. Ik weet niet waarom ze mij hebben uitgekozen. Ze keken gewoon naar me.' Anderen zeggen later dat hij is gevraagd '[...] omdat hij grappig is.' Het erbij betrekken van personen uit de omgeving, was voor Vatiraike tegelijkertijd een manier om de onderlinge jaloezie te verminderen, zo vertelt hij mij.

De Ovahimba besloten om aan het programma mee te doen vanwege het geld dat ze ermee konden verdienen. Ze hebben de opbrengst vervolgens in hun gemeenschap geïnvesteerd.

Vatiraike: 'We hebben niet zoveel opties. Als iemand geld meebrengt, werken we met hem samen. [...] Van het geld dat we hebben verdiend, hebben we een kist gekocht waar we onze geweren in kunnen bewaren, een gedeelte van het geld hebben we op de bank gezet en we kunnen nu iemand betalen die voor ons het maïsveld onderhoudt.'

Dit staat in schril contrast met dat er volgens de programmadirecteur Ter Voert geen vergoedingen zouden zijn afgegeven en dat de Ovahimba volgens Cloeckaert graag mee wilden doen, ongeacht de vergoeding (zie bladzijde 69).

Vatiraike vertelt dat ze voor de opnames in Namibië 100 Namibian dollar (ongeveer 10 euro) per persoon per dag wilden ontvangen. Dit is echter door de programmamakers geweigerd en uiteindelijk zijn ze op een bedrag van 70 ND per dag uitgekomen. Daarnaast is er volgens Vatiraike 3000 ND betaald voor het filmen in de kraal. Naast het geld dat ze voor hun medewerking hebben ontvangen, is er ook, zoals Ter Voert heeft gezegd, een bijdrage op lokaal niveau geleverd: de oude waterput is gerepareerd. Het probleem is echter dat er momenteel alleen vuil water uitkomt, waardoor ze het slechts kunnen gebruiken om kleding te wassen.

Omdat de programmamakers niet wilden dat de Ovahimba enkel voor de beloning mee zouden doen, zijn ze bij de voorbereiding niet direct over een vergoeding begonnen (Blonk 2006: 6). Deze werkwijze heeft bij de Ovahimba ergernis veroorzaakt. Volgens de Ovahimba zijn er vooraf geen duidelijke afspraken gemaakt. Er is alleen een contract opgesteld voor de opnames van *Groeten uit de Rimboe*, maar niet voor *Groeten Terug*. Deze onduidelijkheid heeft hun vertrouwen geschaad. Tjiwawa: 'Ik heb van te voren geen overeenkomst gezien, geen contract. Ze vertelden niet hoeveel ze ons zouden gaan betalen. [...] Toen we begonnen, geloofden we dat ze ons een juiste prijs zouden betalen. Maar toen we onze kraal verlieten om naar Holland te gaan, is dat niet gebeurd.'

Het overleg met de programmamakers was volgens de Ovahimba matig. Kataeko: 'Ze kwamen met een voorbereid programma, maar we hebben daar niet over gesproken. We weigerden niets, we volgden gewoon hun schema's.' Tjiwawa voelt zich hierdoor niet serieus genomen. 'Uit hun manier van werken, bleek dat ze ons niet als mensen zagen, want ze besloten alles voor ons! Ze namen ons niet serieus als weldenkende mensen.' Doordat het plan voor aanvang van de opnames nauwelijks is besproken en de Ovahimba tussendoor niets van de beelden hebben gezien, wisten ze nauwelijks waaraan ze hadden meegewerkt. Ze hadden geen weet van het eindresultaat, laat staan van de dvd die inmiddels is uitgebracht.

Vatiraike: 'Ik wist niet wat ze ervan hadden gemaakt en ook niet dat er inmiddels een dvd is. Ik weet dat mensen moeten betalen om het programma te zien, net zoals in de bioscoop. Maar nu verdienen ze met deze dvd achteraf nog meer geld. Ze zouden ons hiervan iets moeten geven.'

Tjiwawa heeft door de nalatigheid van de producent het gevoel dat hij geen erkenning voor zijn medewerking heeft ontvangen.

Tjiwawa: 'Ik wist niets van deze dvd. Het is niet goed. Ze hebben ons beloofd terug te komen, maar ze zijn tot nu toe niet op komen dagen. We zijn gebruikt, meer dan dat goed voor ons is. [...] Het belangrijkste is dat de betaling redelijk moet zijn, want we hebben onze waardigheid aan iedereen getoond. [...] Er zou een limiet moeten zijn aan het aantal mensen dat hier komt filmen, of hoe ze de dingen doen. Zonder wederzijds begrip en zonder juiste overeenkomsten over waarom en voor welk doel ze komen, is het niet goed; ik voel me er niet gelukkig over.'

Kataeko is blij dat ze de programma's door mijn komst toch nog heeft kunnen zien en ze zegt: 'Het is alsof je een kind slaat zonder reden. Ze gebruiken ons gewoon zonder te vertellen wat ze met de beelden gaan doen.'

De Ovahimba hebben ook het gebrek aan communicatie met de Massings storend gevonden. De vertaler was alleen tijdens de opnames aanwezig om duidelijk te maken wat de bedoeling was, maar niet om de gesprekken tussen beide partijen te vertalen. Tjiwawa: 'Toen de activiteiten plaatsvonden waren we op onszelf aangewezen, zonder vertaler. Deze taalbarrière bleef de hele dag bestaan. Dat was niet goed voor ons, omdat we elkaar niet konden begrijpen.' Een ander punt van kritiek dat meerdere malen naar voren is gekomen, is dat de familie

Massing ondanks het doel van het programma (aanpassing aan het leven van de Ovahimba) veel heeft geweigerd. Dit in tegenstelling tot de Ovahimba; zij zeggen bijna alles gedaan te hebben van wat er in Nederland aan hen werd gevraagd. Dit afstandelijke gedrag hebben de Ovahimba als respectloos ervaren.

> Kataeko: 'Hun gedrag was niet echt goed toen ze hier waren. Ze hebben veel dingen die aan hen werden gevraagd, geweigerd. Ze wilden onze traditionele kleding niet dragen, alleen een paar minuten om het uit te proberen. Ze wilden ook niet gescheiden slapen. Monique weigerde om de koeien te melken en ze wilden ook ons voedsel niet eten. Maar toen wij in Holland waren, hebben we alles gedaan van wat er van ons werd gevraagd, zelfs als het niet goed voor ons was.'

> Tjiwawa: 'De Nederlandse familie paste zich niet aan, ze weigerden om Ovahimba- dingen te doen en zoals ons te leven. Ze accepteerden hun nieuwe leven niet. Iedereen probeerden hun van alles te laten doen, maar ze hebben vaak geweigerd, zoals gescheiden slapen, pap eten en ander werk. Veel van ons waren daar niet blij mee, want wat ze ons verteld hadden, was dat zij zich aan onze cultuur zouden aanpassen, maar dat doel is nooit bereikt. Toen wij in Holland waren, hebben wij de hele tijd geaccepteerd wat ze ons vroegen om te doen; we wisten dat we daarvoor kwamen! Het enige dat ik heb geweigerd, was het paling steken in de visfabriek.'

Ook hebben de Massings volgens de Ovahimba nauwelijks vragen over hun leven gesteld, waardoor ze weinig over hun cultuur hebben opgestoken. Het enige waar ze naar hebben gevraagd, is hoe ze een koe doden en hoe ze het vlees drogen. Hoewel de Ovahimba kritiek hebben op het gedrag van de familie Massing spreken ze over hun Nederlandse vrienden. Vatiraike is echter wel teleurgesteld in deze nieuwe vrienden, omdat ze sindsdien niets meer van zich hebben laten horen. Vatiraike: 'Normaal gesproken missen we hen, maar als ze niet meer aan ons denken, dan denken we ook niet meer aan hen. Sinds we ze voor het laatst zagen, hebben we geen enkel bericht ontvangen, niets is er gebeurd. Deze mensen zijn zonde van mijn tijd!'

Het programma blijkt volgens een script te zijn geregisseerd. De programmamakers hadden duidelijke ideeën over waar, op welke manier en door wie bepaalde activiteiten moesten worden uitgevoerd.

Keripura: 'Het voelde niet goed dat ze alsmaar wezen: doe dit, doe dat. Ze zeiden de hele tijd dat ik dingen met Rachel moest doen, zoals oker op haar smeren, naar de waterput gaan, de dieren daarheen brengen, ze leren hoe ze moesten melken. [...] We probeerden in het Engels met elkaar te praten, maar toen zeiden ze tegen me dat ik alleen in mijn eigen taal moest spreken, dus ik sprak alleen nog OtjiHerero.'

Dit is niet het enige signaal van moderniteit dat door de programmamakers uit beeld is gebannen. Zo zijn bijvoorbeeld ook auto's, geweren, radio's, mobiele telefoons, tabak, bier, T-shirts en Coca-Cola systematisch buiten beeld gehouden. Ook blijkt de context breder te zijn dan in het programma wordt getoond. Zo maken bijvoorbeeld ook onderlinge persoonlijke- en politieke conflicten en problemen zoals armoede, aids, alcoholisme, malaria, veeroof, droogte en overbegrazing deel uit van hun bestaan. Daarnaast onderhouden de Ovahimba al lange tijd contacten met westerlingen en het is dus niet de eerste keer dat zij met hen in contact zijn gekomen, zoals in het programma wordt gesuggereerd. Ook leven de Ovahimba lang niet zo geïsoleerd als het programma het doet voorkomen. Ze zijn juist voortdurend onderweg; dan wel voor familie- of vriendenbezoek, handel of om op zoek te gaan naar vruchtbare gebieden voor het vee, daarbij gebruik makend van uitgebreide netwerken.

De programmamakers stuurden zo niet alleen het beeld, maar ze vroegen ook aan de Ovahimba om zich tijdens de opnames zo grappig mogelijk te gedragen, met als resultaat dat veel van de reacties zijn geacteerd. Zo is er een scène in *Groeten Terug* waar Vatiraike vraagt waar het vee van de Nederlandse familie zich bevindt. De vertaling luidt: 'Wellicht daar boven in je huis?' Toen ik hem hierover sprak, vertelde hij dat hij op dat moment gewoon grappig deed en dondersgoed wist dat het vee zich daar niet zou bevinden. Toen ik vervolgens zei dat een Nederlandse televisiekijker dat misschien niet zal hebben doorzien, was zijn reactie: 'Wie is hier nou gek? Ik? Of degene die dit gelooft?' Hij is zich dus bewust van het beeld dat SBS 6 van hem verlangt en hij speelt zijn rol als 'onwetende' 'primitieve' Afrikaan mee.[14]

Ze brengen allemaal naar voren dat er tot hun spijt voor *Groeten uit de Rimboe* geen Ovahimba-rituelen zijn gefilmd. Als er namelijk een film over hen wordt gemaakt, dan is het belangrijk dat er zoveel mogelijk tradities in worden getoond. Vatiraike: 'De filmcrew heeft geen één van onze rituelen gefilmd. We willen dat deze worden gefilmd, omdat we onze cultuur willen tonen; op een goede manier verteld en met de juiste informatie. We zouden bijvoorbeeld een herdenkingsceremonie van een overledene kunnen laten zien, of een huwelijksceremonie.' Dit laat wederom zien hoezeer zij zich bewust zijn van het beeld dat buitenstaanders van hen willen zien, maar ook hoezeer zij zichzelf aan de hand van hun tradities en rituelen identificeren en hun cultuur via deze rituelen naar de buitenwereld toe willen representeren.

De tradities van de Ovahimba zijn dynamisch, in tegenstelling tot het statische beeld dat het programma ervan geeft. Zo worden traditionele geneeswijzen gecombineerd met westerse medicijnen en jonge Ovahimba combineren traditionele kleding met hippe moderne outfits. Ook Vatiraike heeft het dikwijls over de veranderingen binnen de gemeenschap.

Vatiraike: 'In het verleden was de zorg voor het vee het belangrijkste. Dat is nog steeds het geval. Maar in het verleden leerden we onze kinderen gewoon hoe ze dat moesten doen, maar nu moeten we ze de hele dag begeleiden. [...] In het verleden zorgde de zoon voor het vee. Hij leefde met het vee en at het voedsel van zijn vader. Maar tegenwoordig wordt er vee van elkaar gestolen. Dat is een ernstig probleem; je kunt het vergelijken met criminaliteit in de grote steden. We geven ons vee daarom nu een brandmerk, omdat

---

[14] Ook de scènes waarin Kataeko en Muundjua vragen of Monique haar beha wil uitdoen, komen op mij geënsceneerd over. Naar mijn idee zijn ze zich bewust dat het voor westerse vrouwen ongebruikelijk is om zich van hun beha te ontdoen. Dat Monique wordt ingesmeerd met de *otjize* is mijns inziens ook normaal gesproken niet gebruikelijk. Ook het beeld van gefixeerde rolpatronen dat het programma schetst, blijkt op basis van wat ik heb waargenomen, relatief te zijn. Dit beeld is naar mijn idee meer een reflectie van een westers ideaal van vrouwenemancipatie dat op de Ovahimba wordt geprojecteerd.

onze éigen kinderen van elkaar stelen! [...] Wat ook is veranderd, is dat het in het verleden gebruikelijk was om je kinderen te slaan, maar dat doen we niet meer. [...] Destijds benaderde een vrouw nooit uit zichzelf een man, maar nu zitten ze gewoon naast elkaar. Ik vind dat niet goed, want ze tonen weinig respect en schaamte. Ook als er gasten zijn, praten de vrouwen soms op een respectloze manier met hen. In het verleden reageerden kinderen ook nooit op ouderen. Het kwam niet eens in je op om een oudere zelf te benaderen. Maar nu doen ze dat wel. Tja, de manier waarop we onze kinderen opvoeden, is niet meer zo traditioneel.'

Ook de huwelijkstraditie is volgens hem aan verandering onderhevig.

Vatiraike: 'Normaal gesproken geven we een meisje op jonge leeftijd weg. Maar tegenwoordig kunnen ze ook hun eigen partner uitkiezen en op een latere leeftijd trouwen. Maar ik sta daar niet echt achter, want het is beter als er wordt getrouwd binnen de gemeenschap. Het probleem is namelijk: soms worden ze verliefd en dan gaan ze ervan door. Dan moet je je eigen dochter gaan zoeken!'

Moderniteit en traditie zijn dus niet twee statische monolithische gehelen die elkaar zouden uitsluiten, zoals ze in de programma's worden gerepresenteerd, maar zijn samengaande en elkaar aanvullende processen. Door moderniteit en traditie als polariteiten te beschouwen, wordt de geschiedenis en de diversiteit van samenlevingen genegeerd. Moderniteit en traditie zijn echter heterogene en dynamische processen, die beide in het heden worden vormgegeven en dus gelijktijdig bestaan. Tradities worden bovendien, zoals uit het bovenstaande naar voren komt, steeds opnieuw uitgevonden, geherinterpreteerd en net als moderniteit gecreëerd en verbeeld (Gusfield 1967: 351-362).

Wat naast de veranderingen van de tradities van de Ovahimba ook wijst op de dynamiek binnen hun bestaan, is dat zij de wens koesteren om hun gemeenschap te ontwikkelen. Zo heerst er bijvoorbeeld frustratie over het feit dat de overheid hen op het gebied van onderwijs marginaliseert. Vatiraike wil dat de kinderen Engels leren, zodat ze in

de toekomst beter met bijvoorbeeld filmploegen kunnen onderhandelen. Ook voelen ze zich niet door de overheid erkend, omdat
niet alle *chiefs* financieel worden ondersteund. Het totale aantal *chiefs*
zou volgens de overheid namelijk te groot zijn. Ook zouden de
Ovahimba de infrastructuur verbeterd willen zien om het gebied beter
met auto's te kunnen bereizen voor het bezoeken van begrafenissen,
huwelijken, politieke bijeenkomsten of het doen van boodschappen
in elders gelegen gebieden. En, zegt Vatiraike: 'Ik wil geld op de bank
zetten, zodat ik in mijn gemeenschap kan investeren. We willen het
gebied ontwikkelen, want er is schaarste en droogte. We hebben meer
waterputten nodig en we moeten het land kunnen verbouwen zodat
ons vee daarvan kan eten. En we hebben geen elektriciteit.' Dit laat
zien hoe achterhaald en eenzijdig de wens is die vaak door anderen
wordt geuit, dat de Ovahimba 'authentiek' zouden moeten blijven en
beschermd zouden moeten worden tegen de komst van moderniteit.

De Ovahimba over *Groeten Terug*

De programmamakers hebben de Ovahimba niet direct over het
geplande bezoek aan Nederland verteld. Toen George een tijd na de
opnames van *Groeten uit de Rimboe* terugkwam en het aan hen voor-
stelde, dachten ze aanvankelijk dat het een grap was. Waarom Vatiraike, Kataeko, Muundjua en Tjiwawa werden geselecteerd om naar
Nederland te gaan, is hen niet duidelijk.

> Tjiwawa: 'Ze wezen naar ons: die en die, en iedereen zei meteen ja.
> Ik wilde weigeren, maar Vatiraike heeft me uiteindelijk overge-
> haald om mee te gaan. Ik wilde mijn vrouw en kinderen eigenlijk
> niet achterlaten. Ik ging mee, maar ik was niet blij. Al mijn geluk
> kwam terug, toen ik weer in Namibië was.'

Volgens Vatiraike heeft Bart (programmamaker) aan Zeka (LAC)
gevraagd om voor hen een paspoort te regelen. Zeka is ook meegegaan
naar Nederland, maar waarom is Vatiraike niet duidelijk.[15]

De voorbereidingen voor het bezoek van de Ovahimba aan Nederland waren minimaal.

---

[15] Daarnaast zijn er twee vertalers meegegaan, van wie ik er overigens één heb gesproken.

Vatiraike: 'Het enige dat ze ons vertelden, was dat het er koud was, maar niets over hoe het er daar uitzag of wat we er zouden gaan doen. Kataeko was echt bang om te vliegen. Ik kalmeerde haar en zei: 'Laten we gaan en kijken hoe mensen vliegen. Nu kunnen we zien hoe zij daar leven, we kunnen een ander deel van de wereld zien!' Ik had al eerder gevolgen, toen mijn voet tijdens de oorlog in Zuid-Afrika moest worden geopereerd. In die tijd zetten ze ons met een helikopter op verschillende plaatsen af, we moesten uit de lucht naar beneden springen, het was een hele moeilijke tijd... Maar goed, vliegen was dus voor mijn geen nieuwe ervaring.'

Vatiraike blijkt dus voor het Zuid-Afrikaanse leger (South African Defence Force) te hebben gewerkt, waardoor hij veel van Namibië en omstreken heeft gezien. Hij heeft meerdere keren in zijn leven gevlogen en is dikwijls in de Namibische hoofdstad Windhoek geweest. Hij is dus niet zo onwetend als in het programma wordt beweerd. Vatiraike, Kataeko, Muundjua en Tjiwawa waren nog nooit in Europa geweest, maar dat zegt niet dat zij niet zouden weten wat een vliegtuig, een televisie, een spiegel, een glas, een toilet, een douche, of een stenen huis is, zoals wel in het programma wordt gesuggereerd. Omdat Vatiraike de meeste reiservaring heeft, fungeerde hij als een soort gids voor de anderen. Volgens hem waren vooral Kataeko en Tjiwawa vaak bang en hij moest ze dikwijls kalmeren. Vatiraike: 'Tjiwawa was echt een angsthaas, hij was vaak bang. Toen we naar de zee gingen, stond hij naast me en zei dat als hij nog een keer op reis zou gaan, hij met mij wilde gaan, omdat ik nooit bang was!'

Voor de opnames van *Groeten Terug* hebben ze tevens geld ontvangen, maar ze zijn ontevreden over het bedrag. Vatiraike zegt dat ze lang hebben moeten onderhandelen om de uiteindelijke 4000 ND (ongeveer 400 euro) per persoon te krijgen. Ze wilden hen namelijk eerst 1250 ND geven, maar volgens Vatiraike was 10.000 ND pas een juist bedrag geweest. Het team zou hen voor de reis naar Nederland op maandag komen ophalen, maar ze kwamen pas op donderdag. Daardoor was er geen tijd meer om over het bedrag te onderhandelen. Ook in Windhoek was het te druk en werd er geen tijd gemaakt voor het maken van duidelijke afspraken. Dit werd niet door de Ovahimba op prijs gesteld. Ze vonden het bedrag voor hun bezoek aan Nederland ook te laag omdat de rest van de gemeenschap niets voor hun participatie kreeg. De achterblijvers moesten namelijk voor de kraal en het vee zorgen. Impliciet zijn er dus meer personen bij de productie betrokken geweest, dan alleen de hoofdpersonen.

Tjiwawa: 'Niet dat we blij waren, we waren in een vreemd land. Er werd veel over geld onderhandeld. Ik liet het aan hen over, maar kijkend naar al het werk dat we hebben gedaan... het is teveel voor alleen de 4000 ND die we hebben gekregen. In die 18 dagen hadden we nauwelijks rust. En ook, toen we uit Namibië vertrokken, lieten we ons vee en onze families achter. Ze hebben ons betaald om van hier naar Europa te gaan en weer terug, maar ze hebben geen geld gegeven aan onze families die achterbleven en onze taken moesten overnemen.'

Achteraf bekeken, zijn ze daarom ontevreden over hun bezoek aan Nederland.

Muundjua: 'Ik wist dat ze geld aan ons verdienden. Waarschijnlijk hebben zij er meer aan overgehouden dan wij. Toen ik in Holland was, zag ik in verschillende winkels foto's van mijzelf op de muur hangen. Toen kreeg ik het gevoel dat ze ons gebruikten om zaken te doen. We hebben in Holland veel plaatsen bezocht, maar ik had het gevoel dat ze ons hadden uitgenodigd om geld te verdienen.'

Eenmaal in Nederland wisten ze volgens Vatiraike niet goed waarom ze diverse plaatsen bezochten en er was nauwelijks tijd om bepaalde zaken te bespreken. Daardoor hebben ze nog steeds diverse vragen over wat ze destijds hebben gezien. Zo vroegen ze mij: 'Hoe gaan jullie eigenlijk om met vrouwen?' en 'Hoe gaan jullie om met al dat water overal?'

Na een drukke opnamedag kwamen ze vaak pas in het donker thuis. Tjiwawa: 'Ze haalden ons iedere ochtend op. Ze vertelden dan waar we heen zouden gaan, maar niet wat we daar zouden gaan doen. Als we ergens aankwamen, begonnen mensen te filmen en foto's te maken.' Hun verblijf in Nederland was een aaneenschakeling van uitstapjes. Zo zijn ze naar een voetbalwedstrijd van Feyenoord en naar de dierentuin geweest. Wanneer ze over hun bezoek aan Nederland vertellen, hebben ze het over het algemeen veel over de dieren die ze hebben gezien. Het is een punt van herkenning en maakt tevens zichtbaar dat dieren een belangrijke rol spelen in hun bestaan. Verder waren ze tevreden over het Nederlandse voedsel. Wel vonden ze het veel en ze wilden geen vis eten. Het huis van de Massings waar ze logeerden, was tevens naar hun tevredenheid. Vatiraike: 'We hadden veel dingen om op te slapen. Ik heb zulke huizen al zo vaak gezien, bijvoorbeeld in Opuwo, in Windhoek en in Zuid-Afrika.' Verder zijn ze naar een taekwondowedstrijd van Hans Jr. geweest. Ze dachten dat het abnormale mensen waren, want ze sloegen met hun handen op de muur (om te oefenen?). Dit was niet het enige waar de Ovahimba zich in Nederland over hebben verbaasd. Zo hebben ze ook een mensenschedel op sterk water gezien, waardoor Tjiwawa nu denkt dat Nederlanders op deze manier hun overledenen begraven.

> Tjiwawa: 'Als ik deze twee culturen met elkaar vergelijk zijn ze compleet anders. Bijvoorbeeld hoe zij hun eten bereiden, of hoe zij vee houden. Als er bij ons iemand overlijdt, dat begraven wij hem. Maar zij stoppen diegene in een pot, een menselijke schedel, dat maakte ons bang. Ik dacht dat ze ons misschien gingen vermoorden en onze schedel ook in een pot zouden stoppen.'

Wat hen ook schokte, was dat ze in een huis moesten verblijven met een dode opgezette hond midden in de kamer. Tjiwawa: 'Het was een gedroogde hond. Het was tegelijkertijd levend en dood.'

Over de Nederlandse cultuur zegt Vatiraike dat deze erg verschilt van de Ovahimba-cultuur, maar dat er ook gemeenschappelijkheden zijn te vinden.

> Vatiraike: 'Mensen houden van elkaar, net zoals wij dat doen. In sommige dingen zijn we anders, zoals wanneer je iets weigert. Hun houding was vanuit de hoogte, ze gedroegen zich vaak arrogant naar elkaar. De Nederlandse cultuur is anders dan die van ons, maar ik ken er niet de geschiedenis van. Sommige mensen waren respectvol toen we in Holland waren, bijvoorbeeld toen ze Kataeko hielpen met naar het toilet te gaan.'

Net als Vatiraike zeggen Kataeko en Tjiwawa dat ze tijdens hun verblijf in Nederland tot hun spijt weinig te weten zijn gekomen over de Nederlandse cultuur.

Kataeko: 'Ik heb niet veel van de Nederlandse cultuur gezien. We hebben een plek bezocht waar ze geld in het water gooiden, misschien was dat een soort heilige plek? [...] Het verschil tussen de Nederlandse cultuur en die van ons is dat ik traditionele kleding draag en zij niet. En dat zij elkaar kussen terwijl er mensen bij zijn. Wij doen dat niet, wij doen dat alleen als we gaan slapen.'

Tjiwawa: 'Ik voelde me over het algemeen niet goed toen ik in Holland was. Ik dacht, misschien doen ze alles op een bepaalde manier omdat dat hun cultuur is. Ik heb niets over mijn klachten gezegd, want onze cultuur is een cultuur van tolerantie. Wij zwijgen over negatieve dingen. [...] De slechte kant van de productie is dat wij alles van onze cultuur aan hun hebben gegeven, maar dat zij hun cultuur niet aan ons hebben getoond. Zelfs toen we in Holland waren, hebben we niets van hun cultuur gezien. We zagen slechts dieren, maar geen echte cultuur. Nu kan ik niet aan mijn kinderen vertellen hoe zij daar echt leven.'

Verder vonden ze het zo koud in Nederland dat ze dachten dat ze er ziek van zouden worden. Vatiraike vertelt dat ze in Nederland geen zonsopkomst of zonsondergang konden zien. Toen ze terugkwamen in Namibië hadden ze eindelijk weer een '[...] volledige zon'. Bij terugkomst hadden ze hoofdpijn van al het licht dat ze in Nederland hadden gezien. Tjiwawa: 'Er waren in Holland zoveel lichten dat we niet konden slapen.' Kataeko: 'Toen ik terugkwam, had ik problemen met mijn ogen. Ik zag nog steeds het licht uit Holland. Het is echt een land met veel licht.' Tijdens hun verblijf in Nederland hadden ze allemaal last van heimwee.

Tjiwawa: 'We hadden allemaal last van heimwee. Ik miste mijn vrouw en kinderen. We moesten hen achterlaten toen er net een periode van droogte was, dus we waren bezorgd toen we in Holland waren. We waren gelukkig toen we terugkwamen. Ik hou van mijn kraal. Hoe zouden wij in Holland moeten leven zonder vee?'

Kataeko: 'Ik voelde me er niet slecht over dat iedereen zo naar ons keek in Holland. Ze staarden ons gewoon aan, omdat ze nog nooit mensen zoals ons hadden gezien. Wat mij wel ergerde, was dat ik te lang in een vreemde cultuur was, met vreemde mensen. Ik voelde me ziek en vermoeid doordat ik zolang weg was uit mijn eigen land.'

Dat ze na kennismaking met westerse materiële zaken moeite zouden hebben om hun oude bestaan weer op te pakken, of dat ze door hun bezoek aan Nederland een trauma zouden hebben opgelopen zoals in het publieke debat werd gesuggereerd, is dus niet het geval. In tegendeel; ze waren allemaal zeer blij om weer terug te zijn in Namibië. Wat hun deelname aan het programma wel tot gevolg heeft gehad, is dat het binnen de gemeenschap jaloezie heeft gecreëerd.

Muundjua: 'Veel mensen waren jaloers omdat wij naar Holland mochten gaan. Ze wensten ons ongeluk toe, dat we daar zouden sterven. Ze waren jaloers omdat wij er geld aan hebben verdiend. Dus ik zweeg, ik sprak er niet over. De mensen van de omringende dorpen, jong en oud, kunnen je beheksen als ze willen. Als ik nog een keer naar Holland zou gaan, dan zou ik mijzelf onzichtbaar maken. Dan zou ik mijzelf echt verstoppen.'

Achteraf gezien vinden ze dat de reis naar Nederland leerzaam is geweest. Kataeko: 'Toen we naar Holland gingen, was ik als een ongeboren kind, daarvoor wist ik niets en heb ik niet veel gezien. Maar nu weet ik veel nieuwe dingen en veel mensen hebben me van alles geleerd.' Mochten ze in het vervolg nog een keer aan een soortgelijke productie meewerken, dan willen ze vooraf duidelijke overeenkomsten zwart op wit hebben en mochten ze iets niet willen, dan zouden ze de samenwerking niet voortzetten. Muundjua zou best nog een keer aan een film willen meedoen, maar '[...] alleen als we kunnen zeggen wat we willen.' Ook Tjiwawa zegt dat als hij nog een keer zou meewerken aan een film, '[...] het afhangt van of er van het begin tot het einde goede overeenkomsten worden gesloten, in plaats van dat het uitmondt in allerlei conflicten. Alles is altijd het resultaat van praten. Je zou dus alles vooraf goed moeten bespreken.'

Wanneer ik vertel dat ik bij terugkomst ga proberen om met de producent en de familie Massing in gesprek te komen, willen Vatiraike en Tjiwawa aan hen een boodschap overbrengen en ze dicteren mij enkele brieven.

23-8-2007

Aan de familie Massing,

Ik wil jullie mijn hartelijke groeten overbrengen, mijn vrienden. Ik ben goed aangekomen in Namibië, maar wat ze ons hebben aangedaan, ons naar Holland meenemen en ons alleen een bedrag van 4000 ND geven, daar ben ik niet blij mee. Toch stuur ik jullie bij deze een hartelijke groet.

Ik heb nog steeds geen boodschap van jullie ontvangen. Ik kan jullie wat kado's opsturen, maar ik heb momenteel problemen. Er is iemand overleden en we moeten naar de rouwplechtigheid. Ik wist niet dat Marijn hier zou komen, dus daarom heb ik mijzelf niet kunnen voorbereiden om haar wat kado's mee te geven.

Opuwo! (Genoeg!).

Vatiraike

27-08-2007

Aan de familie Massing,

Wij kijken er nog steeds naar uit om jullie weer te zien. We wachten nog steeds op jullie. Als jullie niet komen, dan hadden jullie dat niet moeten beloven! Jullie hebben mij ook beloofd om schoenen op te sturen, Odeni, maar dat hebben jullie niet gedaan. We herinneren ons jullie nog, zoals jullie zijn weggegaan. Wij verkeren nog steeds in goede gezondheid en we zijn jullie niet vergeten.

Tjiwawa

113

23-08-2007

Aan de producent Bart,

Vatiraike stuurt u enkele groeten. U moet ons wat geld opsturen, om dat wat u ons hebt gegeven, aan te vullen, zodat u morgen weer mijn vriend zult zijn.

Vatiraike

Groeten uit de Rimboe en Tribe. Antropologie?

Er is binnen het publieke debat in Nederland gesuggereerd dat het programma *Groeten uit de Rimboe* een vorm van antropologie zou zijn, waardoor er onder antropologen een discussie is ontstaan over het publieke imago van het vakgebied. De antropologen Myrna Eindhoven, Laurens Bakker en Gerard Persoon zijn hier in hun artikel 'Intruders in sacred territory' (2007) op ingegaan. Zij stellen dat de autoriteit die antropologen hebben op het gebied van de representatie van andere bevolkingen en culturen, momenteel aan het eroderen is. De pogingen van antropologen om andere culturen volgens een holistische benadering in beeld te brengen, staan volgens hen haaks op de benadering van het programma. Antropologen zouden 'othering' en het labelen van onderzoekssubjecten als exotische tijdsgenoten namelijk juist vermijden. In tegenstelling tot de vluchtige bezoeken van cameraploegen, doen antropologen voor langere periodes veldwerk. Bovendien bouwen zij vaak levenslange relaties op met hun informanten. *Groeten uit de Rimboe* richt zich naar hun idee op het persoonlijke en het emotionele en op basale menselijke vragen. Antropologen vermijden volgens hen juist deze mondaine en persoonlijke aspecten, omdat ze uit zijn op antropologische wetenschappelijke 'ontdekkingen' (Eindhoven 2007: 9-10).

Groeten uit de Rimboe laat volgens hen zien, dat een leek prima in staat blijkt te zijn om een relatie op te bouwen met personen uit een andere cultuur en dat ook nog eens openlijk via een camera naar buiten brengt, in tegenstelling tot de verhullende wetenschappelijke sluier van antropologen. Dit is volgens hen de reden dat antropologen zich momenteel realiseren, dat ze toch niet zo bijzonder zijn als ze aanvankelijk dachten. De rol van de antropoloog als intermediair en *gatekeeper* blijkt relatief, want deze *gate* blijkt eenvoudig door anderen te worden betreden; sterker nog, daar hoeft zelfs geen antropoloog aan te pas te komen (ibid.: 10). Het probleem is volgens hen dat antropologen teveel vasthouden aan academische teksten en 'gevangen' zitten in een academische ivoren toren. Activiteiten buiten het vakgebied worden niet gewaardeerd door collega's, maar worden verworpen onder het mom van dat zij antropologie voor commerciële doeleinden zouden verkopen. Ook ontbreekt er volgens hen een publieke vertegenwoordiger van het vakgebied (ibid.: 11).

De antropologie heeft hierdoor volgens hen een marginale positie binnen de Nederlandse commerciële televisie verworven. Ook etnografische films zouden nog teveel vast zitten in een rigide korset van de discipline; het blijft gericht op een specialistisch wetenschappelijk publiek en mist een spanningselement waar realitysoaps volgens hen wel over beschikken (ibid. 11-12). Het entertainmentgehalte, de komische absurditeit, de communicatieproblemen en de *scanty clothing*; al deze elementen uit *Groeten uit de Rimboe*, zou een antropoloog juist buiten beschouwing laten. De verschillende benaderingen van programmamakers en antropologen lijken daarom volgens hen onverenigbaar. Door het gebrek aan financiële bronnen kunnen antropologen bovendien niet concurreren met dergelijke programma's. Daarbij zijn veel antropologen vanwege hun morele overtuiging niet bereid om bij dergelijke producties te assisteren. Ze concluderen dat antropologen programma's als *Groeten uit de Rimboe* niet zouden moeten veroordelen, maar dat zij hun positie en die van hun vakgebied binnen de Nederlandse samenleving zouden moeten heroverwegen (ibid.).

Waar zij in de discussie over de participatie van antropologen in het publieke debat echter aan voorbij gaan, is dat de complexiteit van antropologisch onderzoek vaak niet te vangen is in de oneliners die de media verlangt. Dit vormt naar mijn idee voor veel antropologen een reden om het publieke debat met enige voorzichtigheid tegemoet te treden. Er is niet zozeer sprake van antropologen die 'gevangen' zouden zitten in hun academische toren (hiermee bovendien voorbijgaand aan antropologen die wel aan het publieke debat deelnemen), evenals dat er vanuit het publieke debat simpelweg nauwelijks aandacht wordt besteed aan antropologisch onderzoek, om nog maar te zwijgen over het feit dat er weinig geld in de discipline wordt geïnvesteerd. Een publieke vertegenwoordiger, zoals Midas Dekkers bij de biologen, gaat dit probleem naar mijn idee niet oplossen. Waar ze ook aan voorbij gaan is dat *Groeten uit de Rimboe* een specifiek beeld construeert, evenals dat zij de verantwoordelijkheid van de televisiekijker onbesproken laten. Ze bespreken wel het entertainmentgehalte van de populaire programma's, maar gaan er verder niet op in dat het kijken naar een schaatsend stamlid voor de gemiddelde kijker wellicht eenvoudiger te verteren lijkt, dan een confronterende en meer gecompliceerde culturele context die een antropoloog probeert weer te geven.

Er is in Engeland naar aanleiding van het programma *Tribe* een vergelijkbare discussie over het vakgebied van de antropologie op gang gekomen. Hoewel *Tribe* niet over een kam is te scheren met *Groeten uit de Rimboe* werden er in de discussie vergelijkbare zaken aan de orde gesteld. In *Tribe* gaat presentator Bruce Parry als een soort hedendaagse ontdekkingsreiziger op zoek naar de 'meest afgelegen stammen op aarde'. Door bij iedere stam ongeveer een maand te verblijven en net als hen te leven, probeert hij hun wereld inzichtelijk te maken en de suggestie te wekken dat hij tijdens zijn verblijf een van hen is geworden, volgens het onderliggende motto: 'We are all the same' (Caplan 2005: 3). Het programma probeert de kijker te verleiden om te vergeten dat Parry echter nooit en zeker niet binnen zo een korte tijd, een *insider* kan worden. In iedere aflevering wordt er naar een bepaalde climax toegewerkt, zoals een jacht of een sensationeel ritueel, wat wordt ondersteund met spannende muziek. Verder vormen elementen van het eerdere omschreven *primitivist discourse* de achtergrond van het programma.

Inmiddels is er door de BBC een vervolg op *Tribe* geproduceerd met de titel *Tribal Wives*. Hierin verblijven westerse vrouwen bij een 'primitieve stam' om hun eigen leven een nieuwe impuls te geven. In tegenstelling tot de mannelijke variant *Tribe*, waarin het gaat om de avontuurlijke held die het 'primitieve' leven weet te doorstaan, gaat het bij *Tribal Wives* om de verwerking van persoonlijke trauma's en het krijgen van een nieuw inzicht in het eigen leven. Zo gaat een vrouw op bezoek bij de Ovahimba om, weg van haar familie en vrij van de stress van het moderne bestaan, te ontdekken wie zij werkelijk is. De onderdompeling in de andere cultuur dient ter verduidelijking van de vraag wie zij is om zo innerlijke vrede te vinden en een nieuwe weg in haar leven te kunnen inslaan. De 'stammen' dienen dus puur en alleen om de emotionele zoektocht van de westerse vrouwen in goede banen te leiden. In beide programma's worden net als bij *Groeten uit de Rimboe*, twee verschillende culturen met elkaar in contact gebracht. Het entertainmentgehalte is bij *Tribe* en *Tribal Wives* in tegenstelling tot *Groeten uit de Rimboe* echter lager en er wordt meer context en informatie gegeven over de desbetreffende cultuur. Toch blijven verklaringen veelal aan de oppervlakte, maar vooral: beide programma's blijven net zoals *Groeten uit de Rimboe* beperkt tot een westers perspectief.

De antropologe Pat Caplan heeft naar aanleiding van *Tribe* een artikel geschreven waarin zij stelt dat het publieke imago van de antropologie achterhaald is, aangezien het programma door het publiek met de discipline werd geassocieerd. Naar haar idee is de serie echter verre van antropologisch, want Parry is geen antropoloog, maar een oud commandant bij de marine. Hij heeft geen taalkennis, is slechts voor een korte periode 'in het veld', refereert niet aan bestaand antropologisch onderzoek over de regio en in het gepresenteerde materiaal ontbreekt een sociale en culturele context (Caplan 2005: 4). Daarnaast richt *Tribe* zich volgens Caplan alleen op een westers publiek. Het laat de meest bizarre gewoonten van andere culturen zien en wekt de impressie dat deze stammen virtueel zouden zijn 'ontdekt'. Er wordt nauwelijks informatie gegeven over bijvoorbeeld politieke bewegingen of de strijd rondom het behoud van land. Na wat onderzoek van Caplan blijkt bovendien dat de 'geïsoleerde' gebieden in werkelijkheid toeristische trekpleisters zijn. Het programma geeft de lokale bewoners volgens Caplan nauwelijks een stem; de kijker hoort en ziet vooral Parry. De kijker leert nauwelijks hoe het is om in de andere cultuur te leven, aangezien het alledaagse leven of sociale relaties nauwelijks worden besproken. Wat wel voortdurend in beeld is, is Parry die zware beproevingen ondergaat. Hij is bereid alles te proberen. De ene keer is hij *the fool* die blunders maakt, de andere keer is hij vanwege zijn grote doorzettingsvermogen de held. De serie geeft volgens Caplan een romantisch beeld van de 'stammen': het lijken allemaal vredelievende en gastvrije mensen te zijn die gemakkelijk en binnen een zeer kort tijdsbestek de beste vrienden van Parry lijken te worden (ibid.: 4-5).

Caplan betreurt het dat *Tribe* wellicht als educatie-instrument op Engelse scholen gebruikt gaat worden, omdat er zoveel interessante en meer informatieve etnografische documentaires bestaan. Tot haar spijt worden deze documentaires nauwelijks op televisie uitgezonden. Het probleem is volgens haar dat de BBC liever een romantische schijnwerkelijkheid in stand houdt, dan dat zij een schokkende, maar meer 'ware' werkelijkheid uit wil zenden, zoals die bijvoorbeeld in etnografische documentaires aan bod komt (ibid.: 7).

De antropologe Felicia Hughes-Freeland heeft gereageerd op het artikel van Caplan. Ook zij keert zich tegen het idee dat *Tribe* een vorm van antropologie zou zijn. 'Rather than helping us to understand "tribal" life, *Tribe* encourages tribal tourism' (Hughes-Freeland 2005: 22). *Tribe* is volgens haar '[...] a Victorian romp where men boldly go out of history, to the realm of the savage at the very heart of darkness, and return to tell their tales, converting suffering to celebrity' (ibid.). Ze vindt het een seksistische constructie van de mannelijke presentator als held en daarmee is het programma in feite meer 'primitief' dan de samenlevingen die het probeert te representeren. *Tribe* beschikt naar haar idee bovendien over een ander moreel en intellectueel universum dan de antropologie. Het is een vorm van populaire massa-entertainment, terwijl het de taak is van antropologie om in verschillende werelden te observeren en te participeren. Hughes-Freeland zegt dat als ze *Tribe* als educatiemiddel willen gebruiken, ze dat vooral moeten doen als ze mensen willen leren wat antropologie níet is. Ook zij betreurt het dat er, ondanks het grote aanbod van etnografische films en de professionalisering en de mogelijkheden van visuele antropologie, wordt gekozen voor de '[...] parochial celebration of xenophobic self-interest of *Tribe*.' (ibid.). *Tribe* zal het imagoprobleem van antropologie niet oplossen; het zijn volgens haar de antropologen zelf die meer van zich moeten laten horen. 'We have long been reticent. Now we need to find ways and means to put ourselves in the public's picture, to get anthropology the representations it deserves, and to make its impact more widely felt' (ibid.: 23).

Etnografisch documentairemaker en producent André Singer heeft zich in deze discussie gemengd en neemt een veel milder standpunt in. Hij zegt dat de pogingen die Parry onderneemt om één te worden met zijn nieuwe vrienden, ook voor de lokale bewoners voor veel plezier zorgen. Hij zegt dat er moet worden stilgestaan bij het gevaar dat dergelijke programma's stereotypen kunnen voortbrengen, maar dat er tevens moet worden erkend dat er sprake is van affectie, respect en empathie. Antropologen zouden zich volgens hem niet zoveel zorgen moeten maken over entertainmentprogramma's, maar meer over het voortdurende ontbreken van de kracht van hedendaagse antropologie in de populaire media. Antropologen zouden hun 'bevoogdende' houding moeten loslaten en meer moeten participeren binnen de mechanismen van de populaire cultuur. Hoewel er in *Tribe* onvoldoende informatie wordt gegeven over de cultuur, maken de makers volgens Singer wel menselijke, herkenbare, laagdrempelige emoties en waarden zichtbaar. Antropologen falen echter om hun subject op televisie te presenteren. Het antwoord ligt volgens Singer niet in het verwerpen van een dergelijk populair programma; antropologen zouden juist gebruik moeten maken van de ontstane interesse in antropologie, '[...] it openend up a window' (Singer 2006: 24). Dat hij zijn idealen in de praktijk brengt, blijkt uit het feit dat hij als consultant voor *Tribe* heeft gewerkt.

De antropologen Fish en Evershed reageerden op Caplan, Hughes-Freeland en Singer. Zij schreven dat het programma een vorm van populaire antropologie is, waar antropologen niet voor zouden moeten terugdeinzen. Volgens hen laat de presentator Parry de eerste moeilijkheden zien die een antropoloog bij de start van zijn veldwerk kan tegenkomen. Het gaat bij het programma om het proces en niet, zoals bij antropologen, om een wetenschappelijk resultaat of product. *Tribe* laat volgens hen zien wat er gebeurt als individuen van verschillende culturen elkaar ontmoeten. Voor sommige kijkers was het programma vermakelijk en leerzaam, juist omdát Parry geen antropoloog is. '*Tribe* is not an *anthropologist's* programme about anthropology; rather it is a *people's* anthropological programme' (Fish 2006: 22). Veel antropologen missen volgens hen dit contact met kijkers en zijn niet bereid tot een interdisciplinaire benadering met populaire cultuur. 'Anthropology's inability to generate a substantial television audience results from academic elitism, and anthropologists' paranoia about television may be part of disciplinary identity politics' (ibid.: 23). De veronderstelde exclusiviteit van het vakgebied moet daarom naar hun idee worden losgelaten.

Tribe geeft de kijker de mogelijkheid om in een geglobaliseerde wereld, culturele ontmoetingen 'samen te vlechten'. De grenzen tussen ruraal en urbaan, 'wild' en 'beschaafd', zijn door de globale media, migratie en macro-economie geërodeerd. Zo zullen volgens Fish en Evershed ook het subject van de antropoloog, de televisieproducent, de 'stammen' en de kijker, in de toekomst samensmelten (ibid.). 'If anthropology is to have a future in this transnational multimediated world to come, we are going to need to apply our tools of cultural relativity to television programmes, hosts and audiences' (ibid.). Bij deze conclusie sluit ik mij aan, want hoewel er duidelijke verschillen bestaan in de benadering van de programmamakers van SBS 6 en de antropologische uitgangspunten, is dit mijns inziens geen reden om de programma's vanuit een moreel standpunt te verwerpen. Het vormt juist een reden om zowel de mediaproducties als de receptie ervan te bestuderen, waartoe dit onderzoek een poging is geweest.

Tot besluit

De programma's *Groeten uit de Rimboe* en *Groeten Terug* vergroten culturele tegenstellingen. Alles staat in dienst van deze tegenstellingen: de geënsceneerde activiteiten en wat er wel of juist niet in beeld wordt gebracht. Deze tegenstellingen leiden tot conflicten en misverstanden tussen de culturen, wat entertainment tot doel heeft. Bij de tegenstellingen worden steevast de westerse maatstaven als uitgangspunt genomen, waar een culturele variant tegenover wordt gezet. Dit bevestigt westerse vanzelfsprekendheden. Het programma is enkel vanuit een westers perspectief gefilmd en bij gebrek aan een historische, sociale, politieke en economische context, is het niet meer dan een registratie van uitvergrote verschillen. De Ovahimba lijken daardoor in alles anders te zijn dan de 'moderne', 'beschaafde' Massings en het stereotype beeld van 'de Afrikaan' als 'exotisch', 'primitief', 'traditioneel' en 'authentiek', levend ver terug in de tijd wordt daardoor bevestigd. Enerzijds wordt het 'primitieve' leven van de Ovahimba in de programma's verafschuwd, anderzijds wordt het juist geromantiseerd.

Dit ambivalente beeld blijkt niet nieuw te zijn, maar is een erfenis van een in Europa historisch gegroeid beeld van Afrika. Al tijdens het koloniale tijdperk werd de 'vreemde Ander' volgens een ideologie van wildheid tegenover beschaving verbeeld, waarbij afschuw, verbazing en minachting centraal stonden. Later ontstond er door de kritiek op de Verlichtingsperiode een tegenovergesteld beeld, waarin het leven van de 'primitieve Ander' juist werd verheerlijkt. Deze dualiteit en aloude stereotypen, continueren dus tot op de dag van vandaag, zij het in de nieuwe jas van een realitysoap.

Wanneer er vanuit een historisch perspectief specifiek naar de verbeelding van Kaokoland en de Ovahimba wordt gekeken, blijkt dat de Ovahimba binnen Namibië in de loop der tijd tot een *icoon* van de 'authentieke inheemse' bewoners zijn geworden. Dit beeld leent zich voor een commodificatie binnen een globale context en kan desgewenst dienen als een visueel tegenwicht voor de westerse moderniteit. De Ovahimba zijn dus als het ware een multifunctioneel product geworden, dat voor verschillende doeleinden, waaronder realitysoaps, kan worden ingezet.

Ook maken *Groeten uit de Rimboe* en *Groeten Terug* zichtbaar hoe het door Torgovnick omschreven *primitivist discourse* nog steeds dominant is als het gaat om het verbeelden van andere culturen. De westerse fascinatie voor het 'primitieve' komt naar haar idee voort uit wisselende vragen rondom de westerse identiteit. We kunnen de vervreemding van onszelf verminderen en onze frustraties verzachten, door de 'primitieve' mens te verbeelden als de belichaming van een 'echtheid' en een 'heelheid' die wij zouden hebben verloren. De betekenissen die wij gedurende de tijd aan de 'primitieve' mens toekennen, blijken dus afhankelijk te zijn van welke kwesties er op een specifiek moment actueel zijn.

Dit geldt ook voor de programma's *Groeten uit de Rimboe* en *Groeten Terug*, waarin de Ovahimba niet meer zijn dan metaforen, die in dienst staan van ons beeld over Afrika en onze identiteitsvraagstukken. Dit grotendeels vooraf bepaalde beeld van de Ovahimba, wordt ter plekke volgens een bepaalde systematiek ingekleurd. Elementen die niet aan het beeld voldoen, zoals signalen van moderniteit en actuele ontwikkelingen, worden daarbij uit beeld gebannen. Via de 'vreemde' 'primitieve' Ovahimba kunnen we dus onze westerse waarden en vanzelfsprekendheden bevestigen en kunnen we onszelf via het contrast en de verheerlijking van de Ovahimba 'terugvinden'. De programmamakers reproduceren zo de aloude mythen rondom de 'primitieve' mens. Ze lijken verschillende culturen met elkaar in contact te brengen, maar door de manier waarop ze dit doen, bekrachtigen ze in feite de veronderstelde afstand.

Deze veronderstelde afstand wordt versterkt, doordat er in de programma's een specifiek tijdsconcept wordt gehanteerd. De westerse families zouden door de 'primitieve stammen' te bezoeken, terug in de tijd reizen. Deze temporele illusie, een centraal onderdeel van het *primitivist discourse*, is omschreven door Fabian. In deze illusie wordt de 'primitieve Ander' terug in de tijd geplaatst, die een verleden zou weerspiegelen dat wij inmiddels ver achter ons zouden hebben gelaten. Deze ontkenning van gelijktijdigheid, een erfenis van het evolutionistische tijdschema, blijkt dus in een hedendaagse realitysoap te continueren.

Het is inmiddels binnen de antropologie gemeengoed te stellen dat het weergeven van een objectieve realiteit een onhoudbare wens is; het is hooguit een streven. Iedere weergave wordt beïnvloed door de opvattingen van de beeldmaker die liggen ingebed in een breder sociaal-cultureel discours. Ook de weergave van *Groeten uit de Rimboe* en *Groeten Terug*, is een actieve constructie in plaats van een passieve objectieve registratie van de werkelijkheid. Het programma verleidt de kijker echter om te vergeten dat het beeld een specifieke constructie is door het te presenteren als een realitysoap. Het claimt de realiteit weer te geven, terwijl gemaaktheid inherent aan televisie ten grondslag ligt, '[...] ultimately, television, which claims to record reality, creates it instead (Bourdieu 2001: 249).

Deze beoogde echtheid kan worden gezien als een illusie of, zoals Baudrillard het omschrijft, als een omhulsel zonder kern. De 'ware' realiteit is naar zijn idee vervangen door beelden en tekens. Daardoor zijn we in een hyperrealiteit beland, waarin beelden geen relatie meer zouden onderhouden met de realiteit, maar slechts verwijzen naar het verdwenen origineel (Baudrillard 2001: 166-184). In relatie tot *Groeten uit de Rimboe* gaat dit gedeeltelijk op. Zo leert de kijker bijvoorbeeld de Ovahimba kennen aan de hand van het beeld dat het programma representeert. Wanneer hij echter in Kaokoland arriveert, kan er verwarring ontstaan, omdat wat hij daar ter plekke waarneemt niet, of slechts gedeeltelijk overeenkomt met dit beeld. Het geregisseerde beeld domineert in die zin dus inderdaad de realiteit en verwijst niet naar het leven van de Ovahimba, maar naar hoe wij dénken dat het leven van de Ovahimba is. Het idee dat het 'echte' leven van de Ovahimba niet zou bestaan, zou volgens Baudrillard beangstigend zijn en we proberen volgens hem deze knagende twijfel te compenseren door het 'echte' zoveel mogelijk te reproduceren, in dit geval dus in de vorm van een realitysoap. Deze simulatie verhult volgens hem echter dat er in feite niets meer aan echtheid zou bestaan (ibid.). Dat het programma dus via verschillende wegen – wat mag wel of juist niet in beeld – probeert, om het ware leven van de Ovahimba zo 'authentiek' mogelijk na te bootsen, verhult dus volgens de theorie van Baudrillard de afwezigheid van echtheid.

Bruner stelt echter dat in de vervreemding die de postmodernisten, onder wie Baudrillard, centraal stellen, impliciet een zoektocht naar het echte is opgenomen. Het spreken over een kopie en simulatie suggereert namelijk dat er ergens een origineel zou bestaan. Bruner wil de dichotomieën origineel/kopie, authentiek/inauthentiek overstijgen, aangezien hierin een oordeel zit ingebouwd. Het onechte heeft zijns inziens een negatieve connotatie gekregen, waarmee het authentieke tot een waardeoordeel is geworden. Ook stelt Bruner de vraag wie er om welke reden bepaalt wat als echt of onecht zou gelden, waarmee hij het machtselement van het begrip authenticiteit naar voren haalt (Bruner 1994: 407- 409). 'Each reproduction in the process of emerging constructs its own original – or better, we could just abandon the distinction. [...] The vocabulary of origins and reproductions and of the authenticity and the inauthenticity may not adequately acknowledge that both are constructions of the present' (ibid.: 407-409).

Echt en onecht zijn dus naar zijn idee constructies van het heden. Dit is mijns inziens van toepassing op *Groeten uit de Rimboe* en *Groeten terug*. Het beeld van de programma's wordt op een bepaald moment volgens specifieke ideeën door verschillende mensen gerealiseerd, waarbij iedereen een bepaalde rol speelt. De familie Massing vervult de rol van de 'blanke avonturiers' die de 'primitieve' omstandigheden moeten zien te doorstaan. Tegelijkertijd vertegenwoordigen zij de Nederlandse 'beschaving' inclusief al haar vanzelfsprekende waarden. De Ovahimba vertolken de rol van de 'primitieve authentieke Afrikaanse stam' en vertegenwoordigen de 'eeuwenoude' Ovahimba-cultuur. De makers die het dominante *primitivist discourse* vertegenwoordigen, met een verlangen naar 'primitiviteit' en 'authenticiteit' en op zoek zijn naar entertainment en baanbrekende televisie, sturen dit beeld en zetten het in scène. Al deze rollen tezamen, vormen het beeld dat de kijker uiteindelijk krijgt voorgeschoteld. Dit hoeft echter naar mijn idee niet te betekenen dat het beeld daarom onjuist zou zijn. Er bestaat echter een fundamentele ongemakkelijkheid over dat men rollen speelt, maar het 'gespeelde' kan een nieuwe waarheid met zich mee dragen; iets dat een moralist slechts zou claimen als bedrog (Miller 2003: 197-210). Wat echter het geval is; 'Fakery has its own kind of truth' (ibid.: 210) of zoals Fabian het heeft gesteld: 'If "to be or not to be" is the question, then "to be *and* not to be" – to me the most succinct conception of performance – might be the answer' (Fabian 1999: 28). Ik zou het beeld dat het programma van de Ovahimba geeft dus niet zozeer willen omschrijven als bedrog, maar als een 'echte gemaaktheid' of een 'gemaakte echtheid'. Bovendien hoeft de performance vanuit de Ovahimba bekeken, niet als onecht te worden beschouwd. Het is voor hen namelijk tevens een manier om hun tradities te belichamen en om hun cultuur te uiten en te continueren.

Al met al blijkt dat er in de interactie tussen de Ovahimba, de andere deelnemers, de programmamakers en de betrokken partijen, in feite een nieuwe werkelijkheid is ontstaan en het idee dat er een helder onderscheid kan worden gemaakt tussen het echte en het onechte, is dus onhoudbaar. Het beeld van het programma is niet zozeer een weergave van de werkelijkheid of van een schijnwerkelijkheid. Het is mijns inziens meer een weergave van een gelaagde realiteit, die als het ware is 'aangekleed' door alle partijen die hebben geholpen om het beeld te construeren.

In het publieke debat over de programma's is in Nederland de aandacht voornamelijk uitgegaan naar of er misbruik is gemaakt van de onwetendheid van de Ovahimba of dat zij juist uit vrije wil aan de programma's hebben meegedaan. De programmamakers benadrukken dat het beeld niet is geënsceneerd en dat de 'stammen' niet zijn omgekocht of uitgebuit. Deze opinie is duidelijk verbonden aan een economische agenda, aangezien zij naar de buitenwereld moeten zien te verantwoorden dat het programma op een juiste manier tot stand is gekomen, zodat het geen schade toebrengt aan henzelf, de Ovahimba of de kijkcijfers.

Deze discussie omtrent eventuele exploitatie echoot na in Namibië. Zo wordt er in de Duitse Namibische krant over het vergelijkbare programma *Wie die Wilden* zelfs gesproken over discriminatie. Men is verontwaardigd over het stereotype beeld dat het programma zou reproduceren en het wordt zelfs als een vorm van postkolonialisme gezien. Deze verontwaardiging zou ook kunnen duiden op de aanwezigheid van een politiek component; een vorm van post-koloniale schaamte en ongemakkelijkheid over de Duitse koloniale geschiedenis in Namibië.

De zorg om exploitatie is ook teruggekomen in de groepsdiscussie met de personen die werkzaam zijn in de filmindustrie en in de vragenlijsten van de studenten en in het debat dat zij hebben gevoerd. Ook hier wordt benadrukt dat de programma's vanwege de ongelijke machtsverhoudingen post-koloniaal zouden zijn. Er wordt zelfs gezegd dat het een vorm van slavernij zou zijn en dat het slechts zou dienen om de westerse superioriteit te bevestigen. De Ovahimba moeten daarom worden beschermd tegen exploiterende filmmakers. Ook is men van mening dat het programma geen volledig beeld van Namibië geeft, omdat andere bevolkingsgroepen en moderniteit onderbelicht blijven.

Dat de vraag over de eventuele exploitatie telkens op verschillende plaatsen terugkeert, duidt op de aanwezigheid van een nieuwe thematiek in het vertoog over 'de Ander'. Door de Ovahimba te conceptualiseren als uitgebuit, kan de notie van vrije wil worden verhelderd en bevestigd. De onzekerheid over wat vrije wil nu eigenlijk betekent, wordt verduidelijkt aan de hand van een bezorgdheid over diegenen die zouden worden geëxploiteerd. Hiermee wordt de rationaliteit en autonomie van in dit geval de Ovahimba onderschat, waarmee deze vraag dus in principe meer zegt over degene die hem stelt. Door de politiek-economische termen uitbuiting en vrije wil te gebruiken, vertelt diegene iets over zichzelf en over zijn wereldbeeld. De betekenis die er aan de 'primitieve Ander' in het *primitivist discourse* wordt toegekend, blijkt dus inderdaad afhankelijk te zijn van welke kwesties er op een bepaald moment actueel zijn, zoals Torgovnick heeft benadrukt.

Er waren in Namibië in relatie tot de programma's en de Ovahimba echter ook andere geluiden te horen. Zo is onder andere bij de studenten naar voren gekomen dat de programma's een dialoog tussen verschillende culturen zouden opstarten en dat het zodanig een tegenwicht zou vormen voor discriminatie. Dit zou kunnen wijzen op een politiek component; namelijk het postapartheidsideaal van de *rainbow nation*, waarin iedereen ondanks culturele of etnische verschillen als gelijk wordt beschouwd. Een ander nieuw geluid dat in Namibië heeft geklonken en tot mijn verbazing niet eerder in Nederland naar voren is gekomen, is dat het alledaagse Nederlandse leven in *Groeten Terug* nauwelijks zou worden getoond, maar dat men alleen uitstapjes te zien krijgt. Enkele studenten zeggen zelfs dat de Nederlanders, in tegenstelling tot de Ovahimba, überhaupt geen cultuur zouden hebben, waarmee zichtbaar wordt dat zij net als de programmamakers, een essentialistisch cultuurconcept hanteren.

De verschillende leden van de betrokken partij de *Namibian Film*

Commission zijn ook kritisch over het beeld dat de programma's van de Ovahimba geven en wijzen tevens op de ongelijke machtsverhoudingen. Verder benadrukken zij dat er een gebalanceerd beeld van de Ovahimba en Namibië zou moeten worden gemaakt. Doordat zij echter financieel volledig afhankelijk zijn van de overheid en daardoor over onvoldoende budget beschikken, kunnen zij hun idealen nauwelijks waarmaken. Ze hebben geen overzicht over het beeldmateriaal dat het land uitgaat en hebben bovenal geen ruimte om zich bezig te kunnen houden met ethiek of beeldvorming. De directeur van de commissie houdt er daarnaast duidelijk een economische agenda op na. Hij belichaamt het overheidsideaal; door in films een romantisch beeld van Namibië en de Ovahimba te schetsen, worden toeristen aangetrokken en dus inkomsten gegenereerd.

In de opinie van Zeka, een lid van de andere betrokken partij in Namibië het *Legal Assistance Centre*, is naar voren gekomen dat de Ovahimba dan wel traditioneel leven, maar daarom nog niet achtergesteld zijn. Hij benadrukt dat de Ovahimba de 'primitieve' versie van zichzelf bewust en uit vrije wil performen, omdat daar geld mee is te verdienen. Hier wordt zijn functie als mensenrechtenadvocaat zichtbaar; hij werpt zich op als de tussenpersoon die de *empowerment* van de Ovahimba in goede banen wil leiden, maar hen daarbij niet hun autonomie en rationaliteit wil ontnemen. Daarnaast is hij zich ervan bewust dat het programma is geënsceneerd, maar het is volgens hem nu eenmaal een feit dat de programmamakers handelen volgens het principe: more 'real' means more money.

Binnen de toerismesector speelt een economische motivatie ook duidelijk een rol bij de bestendiging van een romantisch beeld van Namibië en de Ovahimba. Dit exotische beeld oefent namelijk een sterke aantrekkingskracht uit op westerse toeristen en is derhalve een bron van inkomsten. De gids die de toeristen in contact brengt met de Ovahimba maakt zich zorgen om de teloorgang van de Ovahimbacultuur door de komst van moderniteit en de filmmakers die geld aan hun cultuur verdienen. Hijzelf houdt er echter ook een economische agenda op na, aangezien hij voor zijn inkomsten van de Ovahimbacultuur afhankelijk is en dus ook een zo 'authentiek' mogelijk beeld in stand probeert te houden. De toeristen zelf verheerlijken het leven van de Ovahimba, die in hun ogen over een 'eenvoud' en een 'puurheid' beschikken, die zij door hun drukke individuele en moderne bestaan hebben verloren. De Ovahimba moeten in hun ogen in deze 'authentieke' vorm blijven bestaan en dienen daarom te worden beschermd tegen de verderfelijk invloed van de moderniteit. De toeristen houden zodanig het romantische beeld van de Ovahimba in stand.

De Ovahimba lijken dus voor een groot deel gevangen te zitten in een web van beeldvorming dat zich globaal uitstrekt. Wat echter uit de opinies van de Ovahimba zelf is gebleken, is dat zij er ook een economische agenda op nahouden, waardoor zij zelf een bijdrage leveren aan het beeld dat SBS 6 creëert.

Wat allereerst uit hun opinies blijkt, is dat de tweedeling exploitatie-vrije wil, die zowel in Nederland als in Namibië terug is gekomen, eenzijdig is en genuanceerder ligt. De Ovahimba zijn namelijk tegelijkertijd tevreden én teleurgesteld over hun deelname aan de programma's. Enerzijds zijn ze blij met de inkomsten die zij eraan hebben overgehouden en die zij in hun gemeenschap hebben kunnen investeren. Ze hebben tevens nieuwe mensen ontmoet en een reis naar Europa kunnen maken. Ook hebben ze hun deelname leerzaam gevonden, aangezien ze nu beter weten waar ze bij een mogelijke toekomstige productie op gaan letten. Anderzijds zijn ze ontevreden over het in hun ogen te lage geldbedrag, de niet nagekomen beloften, de onduidelijke afspraken en het gebrek aan communicatie.

De Ovahimba hebben invloed kunnen uitoefenen in de samenwerking die zij met de programmamakers zijn aangegaan. Ze zijn dus geen willoze figuren die het beeld dat filmmakers van hen willen zien passief uitvoeren. Ze zijn meer dan alleen metaforen die ons beeld en onze kwesties dienen, zoals Torgovnick heeft gesteld. Het is een relatie van reciprociteit: 'wij performen onze cultuur in ruil voor geld'. Ze zijn zich bewust van de fysieke en spirituele aantrekkingskracht van hun cultuur. De westerse zoektocht naar een geromantiseerd beeld, geeft hen de mogelijkheid om aan hun cultuur te verdienen. Vanuit deze economische agenda, leveren zij dus een bijdrage aan de bestendiging van dit beeld.

Waar ik niet aan voorbij wil gaan, is dat de Ovahimba invloed kunnen uitoefenen, omdat zij in feite degenen zijn die het beeld in handen hebben. Zonder hun medewerking heeft SBS 6 geen programma.

Dat zij zich daarvan terdege bewust zijn, blijkt uit het feit dat zij tijdens de opnames van *Groeten Terug* in staking zijn gegaan. Ze weigerden nog langer mee te werken, tenzij er meer geld zou worden betaald. Vervolgens hebben ze met SBS 6 onderhandeld en is het bedrag inderdaad verhoogd.[16]

Daarbij moet niet worden vergeten dat het proces van identificatie, waar beide programma's aan bijdragen, tevens de andere kant op werkt; iets dat Torgovnick ook onbesproken laat. De Ovahimba hebben ook een 'vreemde' ander; zij lachen namelijk op hun beurt om die 'rare blanken'. Zoals de Ovahimba voor de familie Massing de ultieme 'Ander' vertegenwoordigen, zo zijn de Massings dat voor de Ovahimba. Deze 'vreemde Ander', wordt aan beide kanten ingezet ter verduidelijking en versterking van de eigen identiteit. Het is '[...] een dialectiek van insluiting en uitsluiting, en een dynamiek van onderlinge wedijver. Identificatie is een cognitief en affectief proces: de waargenomen overeenkomsten en verschillen zijn aanleiding tot betrokkenheid en distantiëring, en omgekeerd (Swaan 1994: 6).

De Ovahimba lijken zich, in tegenstelling tot vele anderen, niet druk te maken over de manier waarop zij worden gerepresenteerd. Zij weten dat zij met een bepaald beeld geld kunnen verdienen en het lijkt hen niet uit te maken hoe zij zich daarvoor dan bijvoorbeeld moeten kleden of gedragen. Hun zorgen liggen puur op een economisch vlak en of zij respectvol worden behandeld. Dat zij zich niet druk maken over beeldvorming, is wellicht ook het gevolg van het feit dat zij nauwelijks beelden terug krijgen te zien. Hoe kunnen zij immers een standpunt innemen zonder dat zij materiaal te zien krijgen? Hierin is precies de machteloosheid van de Ovahimba gelegen. Zij hadden geen idee waaraan ze hadden meegewerkt, laat staan van wat er met deze beelden zou gaan gebeuren. Zolang zij geen beelden terugzien, zullen zij dat nooit te weten komen en zodoende worden zij door de programmamakers onwetend gehouden. Dit in combinatie met de disbalans qua opbrengsten, het geld dat zonder kennisname van de Ovahimba achteraf met de dvd wordt verdiend, de contractuele onzorgvuldigheid en de loze beloften van SBS 6, zijn

---

[16] Omdat een contract ontbrak, heeft SBS 6 er na deze actie een opgesteld om eventuele verdere onderhandelingen te voorkomen.

duidelijke signalen van de machteloosheid van de Ovahimba. Een meer gelijkwaardige samenwerking waarbij de Ovahimba serieus worden genomen, worden gerespecteerd als zakenpartners en waarbij er tevens wordt teruggaan met het beeldmateriaal, is de enige manier om de Ovahimba niet hun macht in de representatie te ontnemen. Zolang de Ovahimba worden uitgesloten van dit proces van beeldvorming, zijn ze misschien wel veelvuldig in beeld, maar blijven ze in feite buiten beeld.

Door de totstandkoming van en de verschillende opinies over de programma's in zowel Nederland als Namibië in kaart te brengen, blijkt dus dat er door diverse partijen, inclusief de Ovahimba zelf, politieke en/of economische agenda's een rol spelen. Zonder dat was de creatie van het specifieke beeld van de Ovahimba in de programma's niet mogelijk geweest. Het beeld staat dus niet op zichzelf, maar komt voort uit een proces dat wordt gestuurd door de interactie tussen de verschillende partijen. Dit proces van beeldvorming maakt onderdeel uit van een politiek en economisch krachtenveld, waarin lokale en globale belangen met elkaar in verbinding staan.

Literatuur

Baudrillard, J. 2001. 'Simulacra and simulations' In: Mark Poster (ed.), *Jean Baudrillard. Selected Writings* (Stanford University Press: Polity)

Blonk, M. 2006. 'Groeten Terug, de Lachspiegel. Schoonheidsprijs voor SBS?' *Indigo* 2: 1-7

Bollig, M. 1999 *Production and Exchange among the Himba of Northwestern Namibia* (Windhoek: NEPRU)

Bollig, M. & Gewald, J.B. 2000. *People, Cattle, Land. Transformation of a Pastoral Society in Southwestern Africa* (Köln: Köppe)

Bollig, M. & Heinemann, H. 2002. 'Nomadic Savages, Ochre People and Heroic Herders: Visual Representations of the Himba of Namibia's Kaokoland' *Visual Anthropology* 15 (3/4): 267-312

Bourdieu, P. 2001. 'Television' *European Review* 9 (3): 245-256

Brumann, C. 1999. 'Writing Culture. Why a Successful Concept Should Not Be Discarded' *Current Anthropology* 40 (supplement 1): S1-S27

Bruner, E.M. 1994. 'Abraham Lincoln as Authentic Reproduction: A Critique of Postmodernism' *American Anthropologist* 96 (2): 397-415

Bruner, E.M. 2002. 'The Representation of African Pastoralists: A Commentary' *Visual Anthropology* 15 (3/4): 387-392

Bruner, E.M. & Kirshenblatt-Gimblett, B. 2002 'Maasai on the Lawn. Tourist Realism in East Africa' *Cultural Anthropology* 9 (4): 435-470

Caplan, P. 2005. 'In Search of the Exotic. A Discussion of the BBC2 Series *Tribe*' *Anthropology Today* 21 (2): 3-7

Corbey, R. 1989. *Wildheid en Beschaving: De Europese Verbeelding van Afrika* (Baarn: Ambo)

Eindhoven, M., Bakker, L. & Persoon, G.A. 2007. 'Intruders in Sacred Territory. How Dutch Anthropologists deal with Popular Mediation of their Science' *Anthropology Today* 23 (1): 8-12

Fabian, J. 1983. *Time and the Other. How Anthropology Makes its Subject* (New York: Columbia University Press)

Fabian, J. 1999. 'Theater and Anthropology, Theatricality and Culture' *Research in African Literatures,* 30 (4): 24-31

Fish, A. & Evershed, S. 2006 . 'Anthropologists responding to Anthropological Television. A Response to Caplan, Hughes-Freeland and Singer' *Anthropology Today* 22 (4): 22-24

Galaty, J.G. 2002. 'How Visual Figures Speak: Narrative Inventions of "The Pastoralist" in East Africa' *Visual Anthropology* 15 (3/4): 347-367

Griffiths, A. 2002. *Wondrous Difference. Cinema, Anthropology, & Turn-off-the-Century Visual Culture* (New York: Columbia University Press)

Guignon, C. 2004. *On being Authentic* (London & New York: Routledge)

Gusfield, J.R. 1967. 'Tradition and Modernity. Misplaced Polarities in the Study of Social Change' *American Journal of Sociology* 72 (4): 351-362

Hartmann, W., Silvester, J. & Hayes, P. 2001 [1998]. *The Colonising Camera. Photographs in the making of Namibian History* (Cape Town: University of Cape Town Press)

Hughes-Freeland, F. 2005. 'Tribes and Tribulations. A Response to Pat Caplan' *Anthropology Today* 21 (2): 22-23

Kasfir, S.L. 2002. 'Slam-Dunking and the Last Noble Savage' *Visual Anthropology* 15 (3/4): 369-385

Koenen, M.J. & Drewes, J.B. 1992. *Wolters' Handwoordenboek Nederlands* (Groningen, Utrecht, Antwerpen: Wolters' Woordenboeken)

Kratz, C.A. & Gordon, R.J. 2002. 'Persistent Popular Images of Pastoralists *Visual Anthropology* 15 (3/4): 247-265

Miller, W.I. 2003. *Faking it* (Cambridge: Cambridge University Press)

Reijnders, S. 2006. *Holland op de Helling. Televisieamusement, Volkscultuur en Ritueel Vermaak* (Alphen aan de Maas: Uitgeverij Veerhuis b.v.)

Rizzo, L. A. 'Glance into the Camera: Gendered Visions of Historical Photographs in Kaoko (North-Western Namibia)' *Gender & History* 17 (3): 682-713

Selwyn, T. (ed) 1996. *The Tourist Image. Myths and Myth Making in Tourism* (Chichester: Wiley)

Singer, A. 2006. 'Tribes and Tribulations. A Response to Hughes-Freeland' *Anthropology Today* 22 (2): 24-25

Sobania, N. 2002. 'But Where are the Cattle? Popular Images of Maasai and Zulu across the Twentieth Century' *Visual Anthropology* 15 (3/4): 313-346

Swaan, A. de. 1994. 'Identificatie in Uitdijende Kring' *Het Amsterdams Sociologisch Tijdschrift* 20 (3): 6-24

Tythacott, L. 2003. *Surrealism and the Exotic* (London & New York: Routledge)

Tomaselli, K.G. 2002. '"We have to work with our own heads" (/Angn!ao): San Bushmen and the Media' *Visual Anthropology* 15 (2): 203-220

Torgovnick, M. 1990. *Gone Primitive. Savage Intellects, Modern Lives* (Chicago & London: The University of Chicago Press)

Kranten

Blessing, S. 2006. 'Ohne Respekt vor Fremden' *Allgemeine Zeitung Namibia*, 5 mei 2006: 11

Boevink, W. 2006. 'Ja, de groeten. Gapen naar malle negers in de badkamer' *Trouw.* Section deGids, 20 Maart 2006: 14-15

Böhler, K. 2006. 'Sat.1-Serie grob rechtswidrig' *Allgemeine Zeitung Namibia*, 26 september 2006: 13

Eljon, E. 2006. 'SBS 6 neemt 'primitieven' wel serieus' *De Volkskrant.* Section Forum, 4 april 2006: 12

Moenikes, R. 2006. 'Himba als Halbkannibalen?' *Allgemeine Zeitung Namibia*, 5 mei 2006: 11

Opel, C. 2006. 'Tierparkähnliche Verhältnisse' *Allgemeine Zeitung Namibia*, 8 september 2006: 9

Port, M. van de 2006. 'Het Nieuwe Zwartjes Kijken' *De Volkskrant*. Section Het Betoog, 1 april 2006: B01

Schreiber, I. 2005. 'Reality-TV im Kraale der Himba' *Allgemeine Zeitung Namibia*, 24 juni 2005, WAZON: 1

Schreiber, I. 2006. '„Wie die Wilden": Alles halb so wild' *Allgemeine Zeitung Namibia*, 15 september 2006, WAZON: 1

Stracke, A. 2005. 'Ausbeute oder kulturelle Bereicherung? Sat.1 plant TV-Serie „Wie die Wilden"' *Allgemeine Zeitung Namibia*, 28 april 2005, WAZON: 7

Suppa, H. 2006. 'Reality-Doku „Wie die Wilden": Unterhaltung auf Kosten der Himba?' *Allgemeine Zeitung Namibia*, 1 september 2006, WAZON: 2

Wegener, T. 2006. 'Het tv-programma 'Groeten Terug' gaat veel te ver' *De Twentsche Courant Tubantia*. Section Opinie. 13 Mei 2006

dvd

SBS 6. 2006. *Groeten uit de Rimboe* en *Groeten Terug*. Licensed by Eyeworks International BV en SBS Publishing & Licensing BV. Bridge Entertainment Group BV.

Websites

http://www.mediacourant.nl/?p=5156 (21 April 2008)

http://www.lac.org.na/index.htm (15 Mei 2008)

http://televisiefreaks.web-log.nl/televisiefreaks/2005/09/groeten_uit_de_html (21 April 2008)

http://www.sbs6.nl (10 Mei 2006, 23 September 2009)

Bijlage 1

Mbunguha Hembinda, de chief van Ombaka.

Bijlage 2

Muundjua (links) en Kataeko (rechts) testen de wegwerpcamera's, waarmee zij de foto's hebben gemaakt die zijn weergeven in het hoofdstuk *De Ovahimba áchter de camera* (p. 19).

Bijlage 3

Keripura (links), Tuvasiona (midden) en Muundjua (rechts) bekijken de dvd van *Groeten uit de Rimboe* en *Groeten Terug*.

Voorbereidingen in Ombaka voor de vertoning van *Groeten uit de Rimboe* en *Groeten Terug*. Van links naar rechts: Jimmy, Muundjua, Tuvasiona, Kapringi en Keripura.

Groeten uit de Rimboe en *Groeten Terug* worden in Ombaka vertoond.